駿台受験シリーズ

日々古文常識《にちにちこぶんじょうしき》

入試問題を解くための27テーマ

二宮 加美
岩名 紀彦　共著

駿台文庫

はじめに

古文単語や古典文法の知識を持っていても、「古文常識」が不足していると、古文がうまく読解できないことがあります。例えば、『源氏物語』冒頭は教科書等で学習した方も多いでしょう。

いづれの御時にか、女御・更衣あまた候《さぶら》ひ給《たま》ひける中に、いとやむごとなき際にはあらぬが、すぐれて時めき給ふありけり。

（どの天皇の御治世であっただろうか、女御・更衣が大勢お仕えしていらっしゃった中に、そう重々しい家柄ではない方で、目立って天皇の御寵愛《ちょうあい》を受けていらっしゃる方があった。）

物語の主人公である光源氏を産む「桐壺の更衣」という女性の登場です。「古文常識」があると、この女性は天皇の夫人の一人で、帝の御寵愛を受けていたことが分かります。このしばらく後に、以下のような部分があります。

父の大納言は亡くなりて、……

この女性は「女御」となれずに「更衣」でとどまります。父親が大納言の地位で終わったからです。その父親も今はいません。しっかりした後見人を欠く不遇までが「古文常識」の助けがあると読み取れるようになります。

古典作品を読解するための背景知識や用語を、イラストなども交えて分かりやすく解説しました。「古文常識」を自分のものにして、古典作品の豊かな世界を楽しめるようになってください。

二宮加美・岩名紀彦

本書の使用法

その1 覚えるのではなく身につける

自転車に乗るときやプールで泳ぐとき、「ペダルをどう漕ごうか」「腕をどう動かそうか」などとは考えません。最初は意識して覚えたことが、いつの間にか無意識にできるようになっています。この本も意識して覚えるための参考書ではありません。知らないこと、あやふやなことがあれば、本書を開いて調べてみましょう。すぐに引いて確認することを繰り返し、古文常識を身につけましょう。

その2 勉強するときに側《そば》に置いておく

勉強を始める前に机上に出しておきましょう。常に身近に置いておき、すぐ読んで確認するのが理想です。（学校の授業時に使用する場合は、先生の許可を得てからにしましょう。）分からないことや知らないことだけでなく、何か気になることがあったら開いて調べましょう。最初のページから順に読んでいって最後まで読み通すような使い方は想定していません。

その3 使って使って使いまくる

すぐに覚えられなくても構いません。同じ項目を何度も引いて読むうちに、それまでの不十分な理解が深められたり、意外な項目どうしが関連していることに気づいたりするでしょう。理解していると思っている事柄でも、もう一度引いて確認するうちに、いつの間にか古文常識が定着していきます。

学習の初めと終わりに確認して、
これだけは確実に覚えましょう。

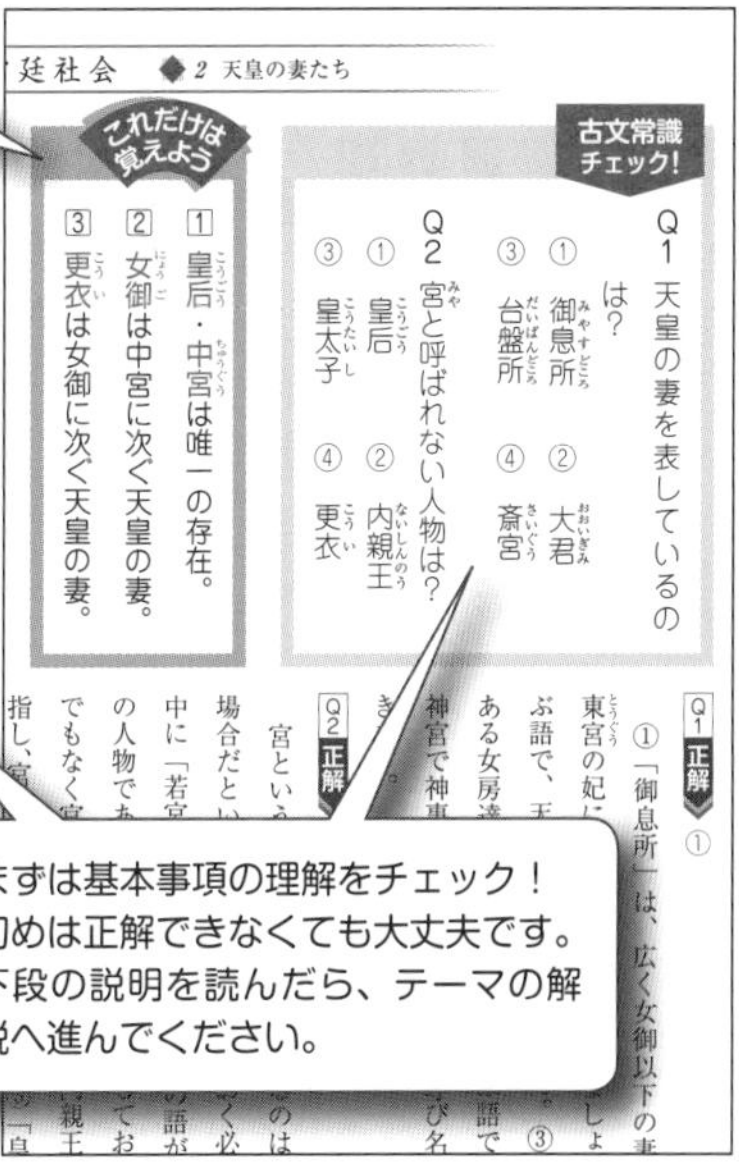

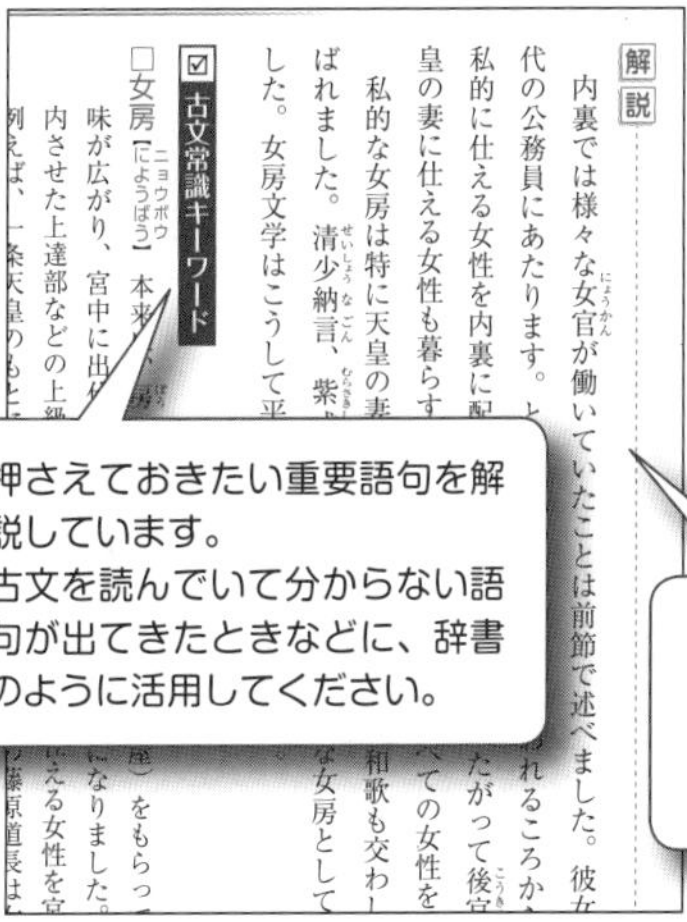

押さえておきたい重要語句を解説しています。
古文を読んでいて分からない語句が出てきたときなどに、辞書のように活用してください。

まずは基本事項の理解をチェック！
初めは正解できなくても大丈夫です。
下段の説明を読んだら、テーマの解説へ進んでください。

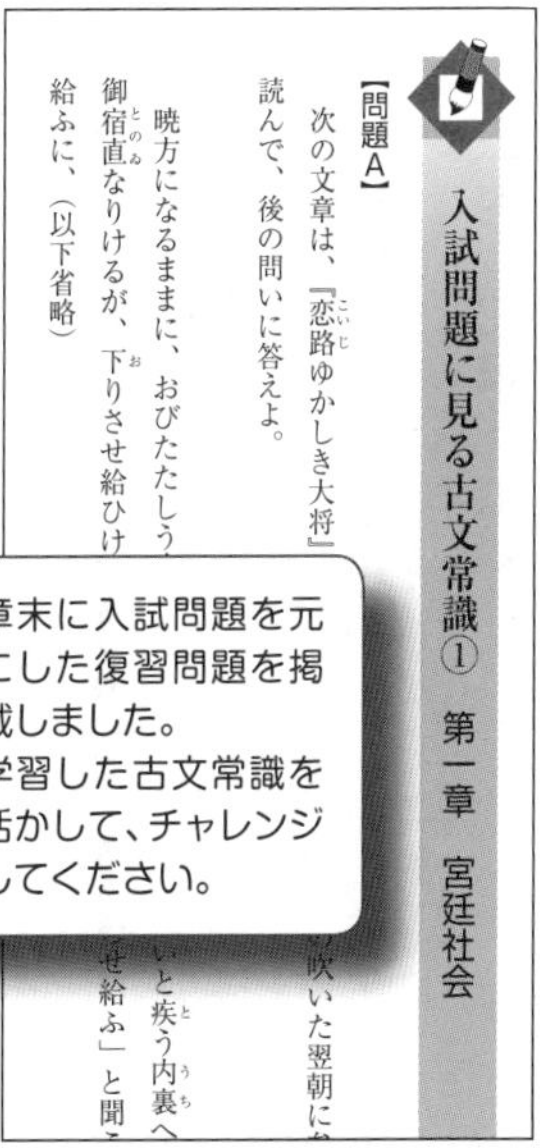

章末に入試問題を元にした復習問題を掲載しました。
学習した古文常識を活かして、チャレンジしてください。

イラストや図による説明も豊富に掲載しました。
古文の世界を視覚的に理解しましょう。

もくじ

第一章　宮廷社会

1 天皇と貴族たち

古文常識チェック!

Q1 天皇《てんのう》の呼称でないのは?

① 帝《みかど》
② 院《いん》
③ 御所《ごしょ》
④ 今上《きんじょう》

Q2 上達部《かんだちめ》であるのは?

① 蔵人《くろうど》
② 中納言《ちゅうなごん》
③ 中将《ちゅうじょう》
④ 主殿司《とのもりづかさ》

Q1 正解 ②

②「院」は、上皇《じょうこう》（天皇が位を譲った後の尊称）・法皇《ほうおう》（仏門に入った上皇）や女院《にょういん》（天皇の生母など）を呼ぶ語。天皇を呼ぶ語としては使いません。①「帝」は通常「みかど」と読み、「御門《みかど》」と書いても同様に天皇を意味します。③「御所」は天皇・上皇・親王《しんのう》・大臣《だいじん》などの居所の意味で使用されますが、天皇自身が「御所」と呼ばれる例も多くみられます。センター追試験で出題された『弁内侍日記《べんのないしにっき》』では、文中に「御所」の語が多用され、場所か人物かを分類させる設問がありました。④「今上」は「今上天皇」の略で、現在の天皇という意味です。

Q2 正解 ②

上達部は最上位の貴族たちのことで、三位《さんみ》以上の位階（⇩P.4）の者と四位《しい》の参議《さんぎ》をいいます。大臣・大納言・中納言と覚えておけばよいでしょう。上達部の娘が、実質的に入内《じゅだい》（天皇の妻として内裏に入ること）の有資格者となります。①「蔵人」は蔵人所《くろうどどころ》という役所の官人《かんにん》で、天皇に近侍しました。五位と六位の者がその任にあたります。③「中将」は宮中の警護や行幸に供奉《ぐぶ》した武官の役所である近衛府《このえふ》の官人、④「主殿司」は清掃などを担当した主殿寮《とのもりりょう》《とのもりょう》の官人で、いずれも上達部には該当しません。

これだけは覚えよう

1 天皇《てんのう》と貴族《きぞく》は主従関係。上達部《かんだちめ》は上流貴族。

2 政治の実権は、天皇の外戚《がいせき》(母方の親戚)が握る。

3 だから外戚になりたい。

外戚の実際の例

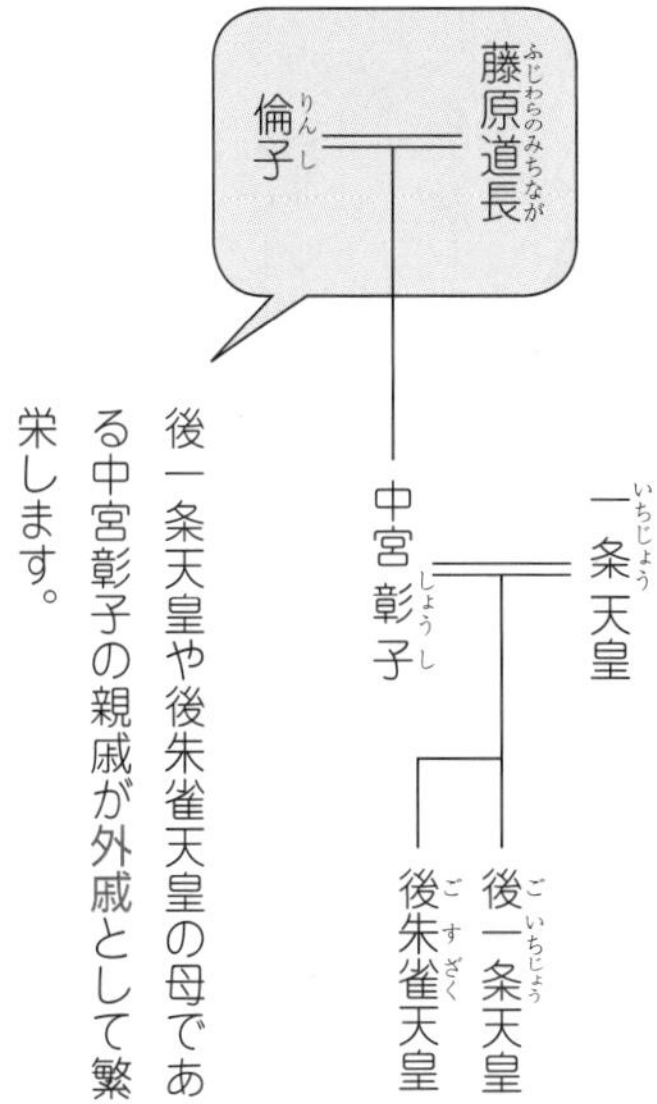

解説

まず知っておいてほしいのは、外戚（母方の親戚）が政治の実権を握るという権力構造です。

天皇と貴族は主従関係なので、貴族が権力を得るためには、天皇家と親戚になる必要がありました。そこで上達部などの有力貴族は、自分の娘を競って入内《じゅだい》させようとします。もし入内した娘がめでたく懐妊・出産となれば、生まれた子は母親の実家（すなわち祖父の邸宅）で養育されます。皇《み》子《こ》誕生ならば、母親の実家の一族は、将来の天皇を養育するかもしれないのです。外戚が権力を掌握するのはこういった事情です。娘を入内させた有力貴族は皇子が誕生し、その子が東宮《とうぐう》（皇太子）になり、やがて天皇に即位することを切望するのです。

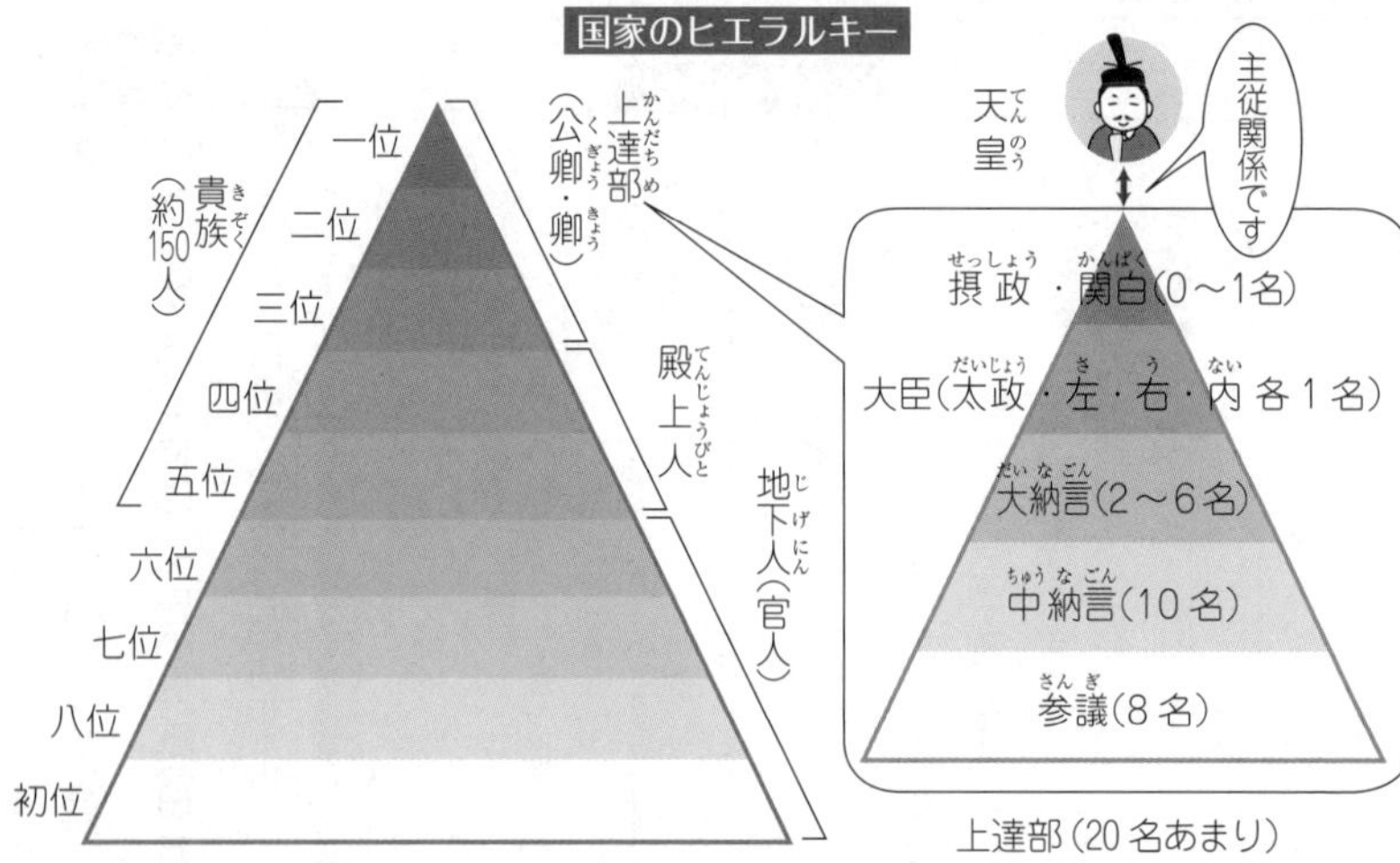

☑ 古文常識キーワード

□**天皇**【てんわう《テンノウ》】 国の統治者をいいます。文章中では「すめらみこと」「おほやけ」「帝《みかど》」「御門《みかど》」「上《うえ》」「主上《しゅじょう》」「内の上《うちのうえ》」「内《うち》」「内裏《うち》」「今上《きんじょう》」「当代《とうだい》」「禁裏《きんり》」など様々な呼称で出てきます。知っておきましょう。

□**位階**【ゐかい《イカイ》】 天皇に仕える臣下の序列で、一～八位とその下の初位《そい》で構成されています。一～三位は「正《しょう》」「従《じゅ》」で上下を表し、それぞれ「正一位《しょういちい》」「従三位《じゅさんみ》」などと呼びます。四位～八位は「正・従」のほかに「上・下」の区別もあり、「従四位上《じゅしいじょう》」「正五位下《しょうごいげ》」などと呼ばれます。四位であれば中将などと、各位階に相当する官職に就きます。

□**貴族**【きぞく】 一般的には位階の一位から五位までを貴族、六位から初位までを官人と呼びます。

□**外戚**【がいせき】 語の意味は、母方の親族。天皇の外戚とは、天皇の母方の親戚のことです。

□**上達部**【かんだちめ】 公卿《くぎょう》または卿《きょう》とも呼ばれます。摂政・関白・大臣・大納言・中納言らの三位以上の者に、四位の参議を含めた上級貴族の総称で二十名あまりでした。

□**摂政**【せつしやう《セッショウ》】 天皇が幼い場合、代わって政務をとる職です。藤原氏の大臣が兼任するのが通例です。

□**関白**【くわんぱく《カンパク》】 成人した天皇を補佐して政務を担当する要職です。藤原氏が歴任。摂政《せっしょう》・関白を**一の人**（最高権力者の意）と呼ぶこともあります。

□**大臣**【だいじん】 和名は「おとど」。大臣殿《おおいどの》・大殿《おおいどの》という呼び方もあります。序列は**太政**《だいじょう》**大臣・左大臣・右大臣・内**《ない》**大臣**の順。定員はそれぞれ一名。太政大臣は適任者がいなければ置かれません。内大臣は、左右の大臣の補佐として平安中期以後常置されました。

□**大納言**【だいなごん】 大臣に次ぐ地位。平安時代には権大納言《ごんだいなごん》が加わり定員六名となりました。「権《ごん》」は「**権官**《ごんかん》」のことで、多く定員外の官職であることを示します。「権大納言」は「員外《かずのほか》《いんがい》の大納言」とも呼ばれます。

□**中納言**【ちゆうなごん《チュウナゴン》】 大納言に次ぐ地位で、平安時代の定員は正・権あわせて十名ほどです。

□**参議**【さんぎ】 三位《さんみ》・四位《しい》から有能な者が選ばれ、国政を審議しました。**宰相**《さいしょう》とも呼ばれます。

□**殿上人**【てんじやうびと《テンジョウビト》】 四位・五位のうちで清涼殿《せいりょうでん》の殿上の間《ま》（⇩P.37）に昇殿を許された者です。名家の若い貴公子たちが、多く殿上人に該当しました。ただし、六位の蔵人《くろうど》は、六位としては例外的に殿上の間に昇殿を許されました。

□**蔵人**【くらうど《クロウド》】 蔵人所《どころ》という役所に所属する官人で、天皇に近侍しました。五位と六位の者がその任にあたります。

□**蔵人頭**【くらうどのとう《クロウドノトウ》】 蔵人所の長官です。側近として常に天皇に伺候《しこう》し、勅命《ちょくめい》の伝達・上奏の取り次ぎを行い、殿上人の指揮・監督にあたりました。おおむね四位の殿上人から選ばれ、公卿《くぎょう》に次ぐ高位です。近衛《このえ》の中将《ちゅうじょう》を兼任する**頭中将**《とうのちゅうじょう》と、大弁または中弁を兼任する頭弁《とうのべん》の二名で構成されるのが通例です。（⇩P.14）

□**地下人**【ぢげにん《ジゲニン》】 地下《じげ》とも。清涼殿の殿上の間に昇殿を許されない官人で、普通は六位以下です。五位以上でも昇殿を許されない家柄もありました。例えば、武士である平氏（伊勢平氏）は、平清盛の父の平忠盛の時に初めて昇殿が許されました。

古文常識 知恵袋

Q　平安時代の貴族たちの収入はどれぐらいあったのですか？

A　藤原氏が左大臣になった時は、給与が約4億5千万円（現代の価値に換算、以下同じ）、加えて藤原氏全体に対して約29億円、これに荘園《しょうえん》からの収入が加えられるため、藤原氏一族の収入は莫大《ばくだい》なものでした。また藤原氏の長の息子は15歳で五位が与えられました。

当時の庶民の収入は、10人家族で年40万～70万円ぐらいと試算されています。どれほど藤原氏や高級貴族に富が集中していたかがわかると思います。

（参考）奈良時代の貴族の宅地面積と年収

	宅地面積	年収（円）
一位	4町	約4億
二位	4町	約1億
三位	4町	約7,500万
四位	1町	約4,000万
五位	1町	約3,000万
六位	4～8千㎡	約700万
七位	1～2千㎡	約500万
八位	500㎡	約350万
初位	50㎡	約250万

1町＝約1万6千㎡

2 天皇の妻たち

古文常識チェック!

Q1 天皇の妻を表しているのは?

① 御息所《みやすどころ》　② 大君《おおいぎみ》
③ 台盤所《だいばんどころ》　④ 斎宮《さいぐう》

Q2 宮《みや》と呼ばれない人物は?

① 皇后《こうごう》　② 内親王《ないしんのう》
③ 皇太子《こうたいし》　④ 更衣《こうい》

これだけは覚えよう

1 皇后《こうごう》・中宮《ちゅうぐう》は唯一の存在。
2 女御《にょうご》は中宮に次ぐ天皇の妻。
3 更衣《こうい》は女御に次ぐ天皇の妻。

Q1 正解 ①

①「御息所」は、広く女御以下の妻を呼ぶ時に使う語です。ただし、東宮《とうぐう》の妃《きさき》にも使うので気をつけましょう。②「大君」は貴人の長女を呼ぶ語で、天皇の妻ではありません。③「台盤所」は内裏《だいり》の清涼殿《せいりょうでん》の中にある女房達の詰所《つめしょ》で、人物を呼ぶ語ではありません。④「斎宮」は伊勢神宮で神事等に奉仕する女性の呼び名で、天皇家の未婚の皇女が任に就きます。

Q2 正解 ④

宮という語が人物に用いられるのは、皇后、中宮、皇子、皇女を呼ぶ場合だということをまず覚えておく必要があります。したがって、本文中に「若宮」「兵部卿《ひょうぶきょう》の宮」などの語が使われている場合は、必ず天皇家の人物であるということを意識しておきましょう。①「皇后」はいうまでもなく宮と呼ばれます。②「内親王」は天皇の娘である皇女のことを指し、宮と呼ぶことができます。③「皇太子」は「男宮」の中から選ばれ、「東宮」と呼ばれます。④「更衣」は天皇の妻ですが皇后や中宮ではなく、宮と呼ばれることはありません。

解説

『源氏《げんじ》物語』が、「いづれの御時《おほんとき》にか、女御《にょうご》・更衣《かうい》あまた候《さぶら》ひ給《たま》ひける中に」から始まるように、文学作品には皇后・中宮だけでなく「女御・更衣」といった「妃《きさき》」がよく登場しますから、彼女たちについての古文常識をしっかりと身につける必要があります。

身分の高い順から「皇后《こうごう》・中宮《ちゅうぐう》」「女御」「更衣」と呼ばれ、内裏の中の後宮《こうきゅう》（⇩P.32）と呼ばれる区域で暮らします。中宮や身分の高い女御は、天皇の居所である清涼殿《せいりょうでん》に近い建物が与えられ、お仕えする女房《にょうぼう》達とともに一つの建物を独占して使用し、生活の場としました。

天皇の妻のヒエラルキー

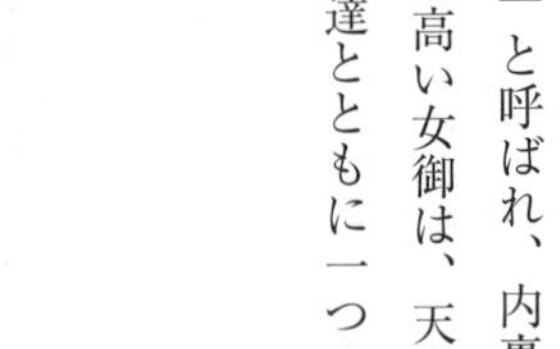

☑ 古文常識キーワード

□**皇后**【くわうごう《コウゴウ》】 天皇の正妻です。

□**皇太后**【くわうたいごう《コウタイゴウ》】 先代の天皇の皇后のことで、大后《おおきさき》・大宮《おおみや》とも呼ばれます。

□**中宮**【ちゆうぐう《チュウグウ》】 本来は、三后《さんこう》と呼ばれる皇后・皇太后・太皇太后《たいこうたいごう》（先々代の天皇の皇后）の総称として使われていた語です。一条《いちじょう》天皇の時、中宮定子《ていし》がいるうえに、藤原道長《みちなが》の娘の彰子《しょうし》が入内《じゅだい》するという事態になり、前者を皇后定子、後者を中宮彰子と呼びならわしたところから、皇后と同資格の后の称となり、以後天皇の正妻にはもっぱら中宮という呼称が使われるようになりました。（一人の天皇に中宮と皇后が同時に二人いるのは例外的なことです。）

□**女御**【にようご《ニョウゴ》】 中宮の下、更衣の上の位です。皇族および摂関家・大臣家の娘がなります。平安中期以降は中宮に立てられる者も出ました。例えば、『源氏物語』で主人公の光源氏《ひかるげんじ》が思いを寄せる藤壺《ふじつぼ》の女御は、女御として入内しましたが、後に中宮となります。

□**更衣**【かうい《コウイ》】　女御《にょうご》の下の位です。大納言《だいなごん》・中納言《ちゅうなごん》・参議《さんぎ》の家柄の娘がなります。普通五位が与えられますが、まれに四位に進む者もいました。『源氏物語』には「父の大納言は亡くなりて」とあるように、桐壺《きりつぼ》の更衣《こうい》（光源氏の母）の父親は大納言でした。

□**御息所**【みやすどころ／みやすんどころ】　平安時代には主に女御・更衣の総称でした。天皇の妻だけでなく、東宮《とうぐう》（＝皇太子）の妻にも用いられ、『源氏物語』の六条御息所《ろくじょうのみやすどころ》は前の東宮（物語の中では故人）の妻です。

□**入内**【じゅだい《ジュダイ》】　皇后・中宮または女御になる者が、内裏に入って天皇の妻となることをいいます。更衣は本来女官《にょうかん》の名称であったため、更衣の場合は、厳密には入内とは呼びません。

古文常識 知恵袋

Q　光源氏は天皇の子どもなのに、なぜ源氏と呼ばれるのですか？

A　本来、天皇と貴族は主従関係で、貴族は天皇の臣下です。貴族は形式的には天皇から俸禄《ほうろく》と姓をいただき、政務を行って天皇にお仕えします。光源氏は天皇の第二皇子ですから、本来は貴族たちが仕える対象です。ただし、光源氏の母親はすでに他界し、外戚《がいせき》にあたる母方の祖父である大納言も、彼が生まれる以前に亡くなっています。いくら聡明な皇子であっても政治的には不遇ですし、彼が天皇になることは現実的ではありません。また、父の桐壺帝が、光源氏の将来を「相人《そうにん》」（＝人相見）に占わせたところ、「天皇になると国が乱れる。臣下として位をきわめる」と出て、彼は臣下として天皇に仕える存在となりました。その際に「源《みなもと》」姓を与えられたわけです。これを「**臣籍**《しんせき》**降下**《こうか》」といいます。史実としては、嵯峨《さが》天皇の時代に複数の皇子・皇女が臣籍降下しています。その中に光源氏のモデルといわれる源融《みなもとのとおる》がいました。融は嵯峨天皇の第十二皇子で、臣籍降下して後に左大臣になりました。

3 天皇家の人々

古文常識チェック!

Q1「皇太子《こうたいし》」を表すのは?

① 法親王《ほうしんのう》　② 東宮《とうぐう》

③ 斎院《さいいん》　④ 別当《べっとう》

Q2「皇女《こうじょ》」を表すのは?

① 采女《うねめ》　② 命婦《みょうぶ》

③ 内親王《ないしんのう》　④ 中《なか》の君《きみ》

これだけは覚えよう

1 天皇の子や弟から、皇太子《こうたいし》(=東《とう》宮《ぐう》・春宮《とうぐう》)になる者が選ばれる。

2 天皇《てんのう》(=帝《みかど》)が退位すると、上皇《じょうこう》(=院《いん》)になる。

Q1 正解 ②

皇太子については、現代とは違うところも多く、呼び方もその一つで、天皇と同様に様々な言葉で皇太子を言い表しました。②は「春宮《とうぐう》」とも表記します。現代でも、皇太子の御所《ごしょ》を東宮御所と呼びます。①は出家後に親王の宣旨《せんじ》(=天皇の命令)をうけた皇子のことをいいます。③は賀茂《かも》神社に仕えた未婚の皇女のことをいいます。④は検非違使《けびいし》庁など様々な組織の長官を表す語です。

Q2 正解 ③

天皇の娘である皇女は、正式には宣旨を受けて内親王と呼ばれます。物語の中では、たとえば「女二《おんなに》の宮《みや》」などという呼び方で、天皇の何番めの娘であるかを示すことが一般的なので、内親王は耳慣れない言葉かもしれません。皇子《みこ》は親王、皇女《みこ》は内親王とセットにして覚えておけばいいでしょう。①は宮中で仕える女官の呼称の一つ。②も女官の呼び方。④は高貴な家の次女《じじょ》を指す言葉です。

天皇家の人々（一例）

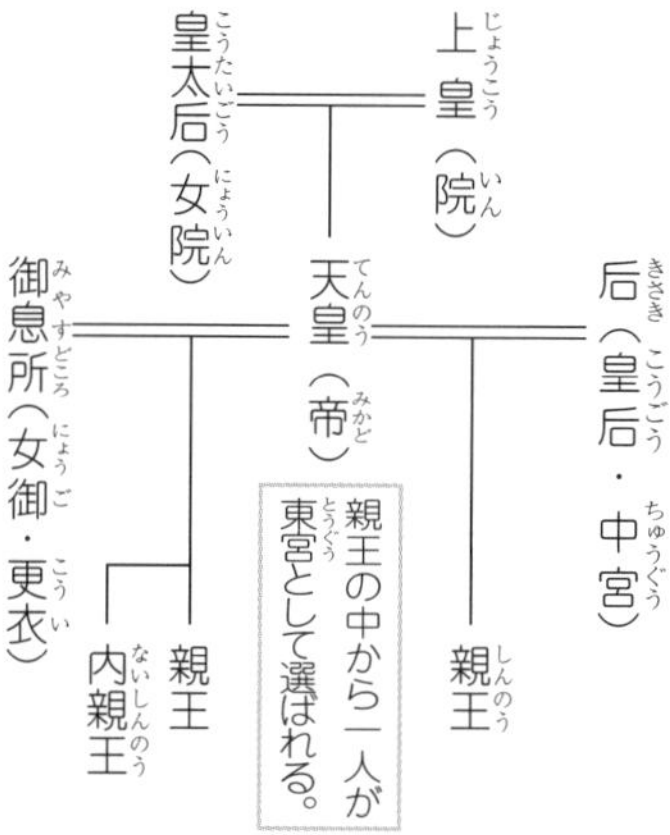

解説

文学作品中には、天皇やその家族がよく登場します。誰がどのような位置付けで、どう呼ばれるのかは古文常識として大切です。

天皇の妻である中宮や女御・更衣らに子どもが生まれると、生まれた子は男女いずれも宮《みや》と呼ばれます。男宮の中から、次の天皇候補である東宮《とうぐう》が選ばれます。天皇が東宮に位を譲ると上皇《じょうこう》となり、院《いん》と呼ばれます。平安時代の後期からは上皇が実質的に政治の中心となって院政を行うようになりました。

また、天皇の生母である妃《きさき》は、女院《にょういん》として、上皇に準じた待遇を受けることがありました。

☑古文常識キーワード

□**皇子**【わうじ《オウジ》】　広く天皇の子息を呼びます。和名は「みこ」。女子は皇女《こうじょ》で和名は「みこ」または「ひめみこ」。

□**親王**【しんわう《シンノウ》】　天皇の男子で、宣旨《せんじ》を受けた者をいいます。和名は「みこ」。皇子の母親の身分が低い場合には宣旨が与えられず、親王と呼ばれないこともあります。また、親王の中には、式部省の長官も務めて「式部卿《しきぶきょう》の宮《みや》」と呼ばれたり、大宰府《だざいふ》の長官も務めて「帥《そち》の宮《みや》」と呼ばれたりする人もいます。

□**宮**【みや】　主に皇后・中宮・皇子・皇女を敬う呼称です。例えば、「一の宮」とは天皇の第一皇子をいいます。『源氏物語』で光源氏の正妻となる「女三の宮《おんなさんのみや》」は朱雀院《すざくいん》の第三皇女です。

□**内親王**【ないしんわう《ナイシンノウ》】　天皇の息女で、宣旨《せんじ》を受けた者をいいます。和名は「みこ」。歌人として有名な式子《しょくし》《しきし》内親王は、後白河《ごしらかわ》天皇の皇女です。

□**東宮**【とうぐう】 皇太子《こうたいし》のこと。**春宮**とも表記されます。内裏の東に御所があったのでそう呼ばれました。他の呼び名としては「**儲《もう》けの君《きみ》**」「坊《ぼう》」「日嗣《ひつぎ》の御子《みこ》」があります。

□**上皇（院）**【じやうくわう《ジョウコウ》（ゐん）《（イン）》】 天皇が退位した後に受ける尊称。太上天皇《だいじょうてんのう》《だじょう》が正式な呼称。「おほきすめらみこと」とも呼びます。また、仏門に入った上皇を**法皇**《ほうおう》と呼びます。上皇と法皇は、院と呼ばれます。

□**女院**【にようゐん《ニョウイン》】 天皇の后妃や皇女で、朝廷から「院」「門院《もんいん》」の称号を与えられた女性を呼びます。一条天皇の中宮彰子（後一条天皇の生母）は上東門院《じょうとうもんいん》と呼ばれ、「門院」の称号が与えられた最初の女性です。なお、「門院」は女性にしか使われないことも知っておきましょう。

古文常識 知恵袋

Q 東宮はどうして春宮とも書くのですか？

A 諸説ありますが、有力なのは中国の五行思想に基づくというものです。五行思想では、四つの方角が四つの季節にあてられていて、それぞれ東＝春、南＝夏、西＝秋、北＝冬となっています。この考え方に基づくものとして、**四方四季《しほうしき》の庭**が古文の作品で描かれます。『御伽草子《おとぎぞうし》』の中にある「浦島太郎」の話の中で、竜宮城には東側の戸を開けると春の庭の情景が、南側の戸を開けると夏の庭の情景が見えるといった具合に、一つの場所に四季が併存している状態が描かれています。また東風を「こち」とも読みますが、「こち」は東から吹く風であると同時に春風でもあります。菅原道真《すがわらのみちざね》が詠んだ有名な「東風《こち》吹かばにほひおこせよ梅の花あるじなしとて春を忘るな」（『拾《しゅう》遺《い》和歌集』）の歌からも春風だということがわかります。

4　中央官・地方官

古文常識チェック！

Q1「頭中将」の読み方は？

①　あたまのちゅうじょう
②　かしらのちゅうじょう
③　とうのちゅうじょう
④　ずのちゅうじょう

Q2　次官を表すのはどれ？

①　かみ　②　すけ
③　じょう　④　さかん

これだけは覚えよう

1　各役所の政務は、長官（かみ）・次官（すけ）・判官（じょう）・主典（さかん）の四等官《しとうかん》が担当。

2　地方官は国司《こくし》と呼ばれ、都から派遣。

Q1 正解　③

「頭中将《とうのちゅうじょう》」の「頭」は蔵人頭《くろうどのとう》のことをいい、天皇に近侍する蔵人所《どころ》の職名の一つ。中将は近衛府《このえふ》の次官。したがって蔵人頭と近衛《このえ》の中将を兼任している者を頭中将と呼びました。将来を嘱望される者が就くポストで、『源氏物語』で光源氏のライバルのような存在として描かれる頭中将は左大臣の長男で、最終的には太《だい》政大臣《じょうだいじん》にまで昇ります。（⇩P.5）

Q2 正解　②

多くの役所で「かみ・すけ・じょう・さかん」の四等官が職務を担当します。「じょう」と「さかん」が実務を担当します。覚えておくと序列がはっきりとわかり便利です。

主な官位相当表

官職＼位階	一位	二位	三位 正	三位 従	四位 正	四位 従	五位 正	五位 従	六位 正	六位 従
太政官《だじょう》	太政大臣《だいじょうだいじん》	左《さ》大臣 右《う》大臣 内《ない》大臣	大納言《だいなごん》	中《ちゅう》納言	参議《さんぎ》 （宰相《さいしょう》）	大弁《だいべん》	中弁 少《しょう》弁	少納言		
近衛府《このえ》				大将《たいしょう》		中将	少将			
蔵人所《くろうどどころ》						蔵人頭《くろうどのとう》 頭《とうの》中将 頭弁		五位の蔵人		六位の蔵人＊
国司（受領《ずりょう》）								守《かみ》（大国《たいこく》） 守（上国《じょうこく》）	介《すけ》（大国） 守（中国《ちゅうごく》）	介（上国） 守（下国《げこく》）
大宰府《ださい》				帥《そち》		大弐《だいに》	少弐			

上達部《かんだちめ》　殿上人《てんじょうびと》　地下人《じげにん》（⇩p.4）　‖ は兼任。

＊六位の蔵人は殿上の間に昇殿を許されます。

解説

中央（都）の政務は、大内裏《だいだいり》の中に配置された各役所が担当します。それぞれの役所は組織化され、かみ・すけ・じょう・さかんの四等《しとう》官《かん》の職員で構成されました。古文の文章でも、「馬頭《うまのかみ》」や「兵衛佐《ひょうえのすけ》」などの呼び方がよく出てきます。注意しましょう。

地方の国々には国司《こくし》と呼ばれる地方官が都から派遣され、中央と同様に「かみ・すけ・じょう・さかん」の四等官で職務にあたりました。国司の任期は四年間で、こうした役人たちの官職は除目《じもく》と呼ばれる任命式で発表されました。

四等官表

役所名＼四等官	長官（かみ）	次官（すけ）	判官（じょう）	主典（さかん）
神祇官《じんぎかん》	伯《はく》	副《ふく》	祐《ゆう》	史《し》
太《だ》政《じょう》官	太政大臣《だいじょうだいじん》 左《さ》大臣 右《う》大臣 内《ない》大臣	大納言《だいなごん》 中納言《ちゅうなごん》	少納言《しょうなごん》 弁《べん》	外記《げき》 史《し》
省	卿《きょう》	大輔《たいふ》 少輔《しょう》	丞	録
職・坊	大夫《だいぶ》	亮	進	属
寮	頭	助	允	属
司・監	正		佑	令史
近衛府《このえ》	大将《たいしょう》	中将《ちゅうじょう》 少将《しょうしょう》	将監《しょうげん》	将曹《しょうそう》
衛門府《えもん》 兵衛府《ひょうえ》	督	佐	尉	志
検非違使《けびいし》庁	別当《べっとう》	佐	尉	志
大宰《だざい》府	帥《そち》	弐《に》	監《げん》	典
諸国（国司）	守	介	掾	目

*ふりがなのないものは、かみ　すけ　じょう　さかん　と読みます。

☑古文常識キーワード

□**かみ**　各役所を統括する責任者である長官。役所により漢字が異なり、例えば左馬寮《さまりょう》の長官ならば左馬頭《さまのかみ》、右衛門府《うえもんふ》の長官ならば右衛門督《うえもんのかみ》と書かれました。

□**すけ**　かみ（長官）を補佐し代理も務める次官。役所により字が異なり、助・輔・佐などをあてます。

□**中将・少将**【ちゆうじやう《チュウジョウ》・せうしやう《ショウショウ》】　古文の物語の主人公には、中将や少将という官職の者が多く見られますが、彼らは近衛府《このえ》の次官で、将来は上《かん》達部《だちめ》になる貴公子という立場で描かれています。本来、近衛《このえの》中将は四位《しい》で、特に三位《さんみ》を授けられた人を三位《さんみの》中将と呼びました。大臣の子や孫に限られた特別待遇です。

□**じよう**《ジョウ》　すけ（次官）の下で実務的な仕事をこなします。判官《ほうがん》とも呼ばれます。役所により字が異なり、丞・尉などをあてます。『平家物語』で活躍する源義経《みなもとのよしつね》は、左衛門尉《さえもんのじょう》に任じられたので判官・九郎《くろう》判官（源義朝の九男）と呼ばれました。

□**国司**【こくし】 中央から派遣される地方官の総称で、守《かみ》・介《すけ》・掾《じょう》・目《さかん》で構成されました。任期は当初六年でしたが、四年となり定着しました。

□**国守**【くにのかみ】 国司の長官で、国名を取り「摂津守《せっつのかみ》」「薩摩守《さつまのかみ》」などと呼ばれました。最初の仮名書きの日記文学である『**土佐日記**』は、**紀貫之**《きのつらゆき》が土佐守《とさのかみ》の任を終え、京に帰るまでを記した紀行文です。また、**遥任**《ようにん》といって、都に残ったまま地方には赴任せず、租税などの収入のみを得ることもありました。遥任は平安中期以降盛んになり、地方政治の乱れる要因となりました。

□**国介**【くにのすけ】 国司の次官で、国守と同様「常陸介《ひたちのすけ》」「河内介《かわちのすけ》」などと呼ばれました。『**更級**《さらしな》**日記**』は、作者の父である菅原孝標《すがわらのたかすえ》が上総介《かずさのすけ》としての任を終えて都に戻る旅から始まっています。

□**受領**【ずりやう《ズリョウ》】 平安時代以後、地方の国々の長官のことをいいます。したがって、一般には国守のことを指しますが、遥任の場合は実際に赴任する国司の中の最上位者を受領と呼びます。

□**大宰府**【だざいふ】 九州地方を統括する役所です。長官は「帥《そち》の宮」と呼ばれ、親王《しんのう》があたります。実質的な職務は「**権帥**《ごんのそち》」がとりますが不在の時は「**大弐**《だいに》」という次官が担当しました。菅原道真《すがわらのみちざね》は藤原時平《ふじわらのときひら》の中傷で「権帥」に左遷されました。

古文常識 知恵袋

Q 除目《じもく》って何ですか？

A 諸官を任命する儀式のことです。平安時代以後は春と秋の年二回行われました。原則として、春の除目は県召《あがためし》の除目といって地方官を任命し、秋は司召《つかさめし》の除目といって、大臣以外の中央の諸官を任命しました。臨時の除目があったり、春と秋の除目が入れ替わったりすることもありました。除目が始まる前に、位階や官職を望む者は中文《もうしぶみ》を提出します。中文は全て摂政・関白から天皇のもとに集められ、天皇の秘書官長である蔵人頭《くろうどのとう》が分類整理します。外記《げき》という役所でのチェックの後、公卿《くぎょう》が招集され任命に関する会議をしますが、最終的な決定権は天皇と摂政・関白にありました。除目では、期待していた官職が与えられない場合もあったようで、『枕草子《まくらのそうし》』では「除目に司得ぬ人の家」が「すさまじきもの（＝興ざめなもの）」の一つとして記されています。

5

女官《にょうかん》

古文常識チェック!

Q1「尚侍」の読み方は?

① ないしのかみ
② ないしのすけ
③ みょうぶ
④ みくしげどの

Q2「内侍《ないし》」の説明として正しいのは?

① 貴族の屋敷内で働く武士
② 内裏の警護をする武士
③ 院の御所で働く武士
④ 宮中で働く女官

これだけは覚えよう

1 女官《にょうかん》は主として内裏で仕える官人。
2 内侍司《ないしのつかさ》という役所が管轄。

Q1 正解 ①

尚侍は、内侍司《ないしのつかさ》という役所の長官で「ないしのかみ」と呼ばれます。平安中期ごろからは、女御・更衣に次ぐ後宮《こうきゅう》の一員として妃《きさき》に列するようになっていきました。②は内侍司の次官で「典侍《ないしのすけ》」の字をあてます。③は「命婦《みょうぶ》」、④は「御匣殿《みくしげどの》」と漢字をあて、内裏《だいり》で仕える女官の名称です。

Q2 正解 ④

内侍は内裏の内侍司という役所で働く女官で、正式には掌侍《ないしのじょう》という職名です。内侍を男性に用いることはありません。①は郎等《ろうどう》（郎党）・郎従《ろうじゅう》と呼ばれます。②は「滝口《たきぐち》の武士」、③は「北面《ほくめん》の武士」と通称されます。

解説

天皇やその妻の暮らす内裏には、様々な職務を遂行する部署があり、多くの女性が働いていました。彼女たちも朝廷に仕える官人で、女官《にょうかん》と呼ばれます。文学作品には、天皇に近侍し、内侍司と呼ばれる役所に所属した尚侍《ないしのかみ》、典侍《ないしのすけ》、掌侍《ないしのじょう》（＝内侍《ないし》）がよく登場します。

女官のヒエラルキー

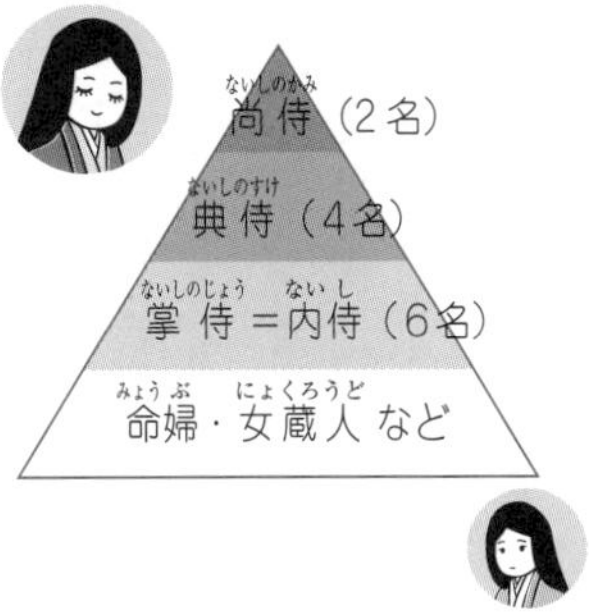

古文の作品では内裏が舞台になることが多く、女官の名称が頭に入っていないと文脈が読み取れないこともしばしばあります。例えば、「内侍を男性と思っていた」という失敗談などは、数多く耳にするところです。古文常識として、女官についての知識も持っておきましょう。

☑古文常識キーワード

□**女官**【にょうくわん《ニョウカン》】　朝廷に仕える女性の官人の総称です。平安時代からは、内侍司と呼ばれる後宮《こうきゅう》の役所が女官のほとんどを統括しました。

□**尚侍（内侍督）**【ないしのかみ】　天皇に近侍する内侍司の長官のことでしたが、女御・更衣に準じて妃《きさき》のような位置付けになりました。「かんのきみ」「かんのとの」とも呼ばれます。摂政家・大臣家から選ばれることが多かったようです。定員は二名。『源氏物語』で光源氏は、尚侍である朧月夜《おぼろづきよ》の君との密通が知れて須磨に退去するに至りました。

□**典侍**【ないしのすけ】　内侍司《ないしのつかさ》の次官で「すけ」と呼ばれました。定員は四名ほどです。平安時代後期に成立した『讃岐典《さぬきのす》侍《け》日記』の作者、藤原長子《ちょうし》は典侍《ないしのすけ》でした。天皇の寵愛《ちょうあい》を受けた様子が日記からうかがえます。

□**掌侍**【ないしのじょう《ナイシノジョウ》】　内侍司の三等官。通常は単に「内侍《ないし》」と呼ばれました。正・権あわせて定員は六名。「大江山行く野の道の遠ければまだふみも見ず天《あま》の橋立《はしだて》」（『金葉和歌集』）の作者である小式部《こしきぶの》内侍（和泉《いずみ》式部の娘）が有名です。

□**御匣殿**【みくしげどの】　本来は、内裏の貞観殿《じょうがんでん》の中で、主に天皇のための衣服の裁縫を行う場所のことですが、そこに勤務する女官の長官を御匣殿の別当《べっとう》、または単に御匣殿と呼びます。天皇に近い職なので身分の高い女官がその地位に就き、天皇の寵愛を受ける者も多く、女御になった例もあります。

□**命婦**【みやうぶ《ミョウブ》】　中級の女官を呼ぶいい方です。文学作品によく登場します。

6 女房《にょうぼう》

古文常識チェック!

Q1 「御達《ごたち》」の説明として正しいのは?

① 身分の高い女房《にょうぼう》
② 天皇の命令書
③ 天皇の命令を伝える女房
④ 上達部《かんだちめ》の人々

Q2 女房文学と呼ばれる作品は?

① 発心集《ほっしんしゅう》
② 沙石集《しゃせきしゅう》
③ 雨月《うげつ》物語
④ 更級《さらしな》日記

これだけは覚えよう

1 宮廷で働く女性を女房《にょうぼう》と総称する。
2 平安時代に女房文学が花開いた。

Q1 正解 ①

御達は身分の高い女房をいう語です。入試問題では、注をつける大学もある一方で、「御達」の意味を選択させるような大学もあり、古文常識として覚えておかなければならない語です。女房を呼ぶ言葉は他にもいろいろあり、覚えておくと読解の助けとなります。

Q2 正解 ④

『更級日記』は、菅原孝標女《すがわらのたかすえのむすめ》が記した自分の半生を回想した日記。作者は女房として後朱雀《ごすざく》天皇の皇女祐子《ゆうし》内親王にお仕えしました。他はすべて男性の手になる作品で、①は鴨長明《かものちょうめい》が著した仏教説話集、②は鎌倉時代の僧無住《むじゅう》が著した仏教説話集、③は江戸時代に成立した上田秋成《うえだあきなり》作の読本《よみほん》です。

解説

内裏では様々な女官《にょうかん》が働いていたことは前節で述べました。彼女たちには官位が与えられており、いわば現代の公務員にあたります。ところが、摂関政治が行われるころから、上達部《かんだちめ》たちは娘を天皇の妻とした後も、私的に仕える女性を内裏に配するようにしました。したがって後宮《こうきゅう》には、女官だけでなく、プライベートで天皇の妻に仕える女性も暮らすことになり、そうしたすべての女性を女房《にょうぼう》と呼ぶようになりました。

私的な女房は特に天皇の妻の話し相手になったり、和歌も交わしたりする必要があって、才覚のある者が選ばれました。清少納言《せいしょうなごん》、紫式部《むらさきしきぶ》などはこうした私的な女房としてそれぞれ中宮にお仕えし文学作品を残しました。女房文学はこうして平安時代に花開いたのです。

☑ 古文常識キーワード

□**女房**【にょうばう《ニョウボウ》】 本来は、房《ぼう》（＝局《つぼね》・曹司《ぞうし》と呼ばれる部屋）をもらって出仕する女性をいう言葉でしたが、次第に意味が広がり、宮中に出仕する女性すべてを指すようになりました。また、摂関政治が行われるころから、娘を入内させた上達部などの上級貴族が、その娘に私的に仕える女性を宮中に入れ、それらも含めて女房と称しました。例えば、一条天皇のもとに彰子が入内する時、父親の藤原道長は女房を四十人揃《そろ》えたといわれています。彼女たちの多くは中流貴族の娘で、『源氏物語』の作者である紫式部は、この私的な女房の一人だったと思われます。

□**上臈女房**【じやうらふにようばう《ジョウロウニョウボウ》】 身分の高い女官。尚侍《ないしのかみ》・典侍《ないしのすけ》のうちの高位の者などが該当します。「上臈」だけで「上臈女房」を表すこともあります。その他、「中臈《ちゅうろう》女房」「下臈《げろう》女房」のように女官はそれぞれの出身の身分などによって分けられています。

□**御達**【ごたち】 女房のなかでも身分の高い者を総称していう語です。宮中だけでなく、貴人の家にいる女房にも使います。

□**おもと**　本来は、天皇や貴人のいる場所、すなわち「御許《おもと》」をいう語ですが、そこに仕える女房を、敬意と親愛をこめた形で呼ぶ語として用いました。

□**局【つぼね】**　本来は仕切りのある部屋の意味でしたが、そこに住む女房も局と呼ばれました。紫式部は『源氏物語』を読んだ天皇から「日本紀《にほんぎ》（＝日本書紀）などを読んでいる女性」と称賛されたので、それをやっかむ同僚の女房から「**日本紀の御局《みつぼね》**」（＝日本書紀を読める女房様）と皮肉を込めてあだ名されたと『紫式部日記』に記しています。

古文常識　知恵袋

Q　古文の文章の中に「宰相《さいしょう》」や「少納言《しょうなごん》」と呼ばれる女性が出てくるのはなぜですか？

A　本来、女子にも名前はあるのですが、原則として公表されない（＝家族等しか知らない）ので、宮中に女性が仕えると呼び名に困ります。そこで、父親や夫の官職名で呼ぶようになりました。例えば、女流歌人の伊勢《いせ》は、父親が伊勢守《いせのかみ》だったのでそう呼ばれたのです。女房しかいない場面で例えば「少納言」とか「宰相」とかの官職名が出てきたら、それは女房名だと思いましょう。また、そうした呼称に「～の君」（「少納言の君」など）が付けられる場合は、ほとんど女房名です。なお、院（上皇）の御所にお仕えする女房は、一条、二条、高倉などの通りの名前で呼ばれることがあり、鎌倉時代の日記『とはずがたり』は後深草《ごふかくさ》院に仕える二条という女房の作品です。

7 平安京

古文常識チェック！

Q1 「平安京」の説明として正しいのは？

① 朱雀大路《すざくおおじ》より東を「左京《さきょう》」という

② 中央を北から南に賀茂《かも》川が流れる

③ 四方を山で囲まれた盆地である

④ 一条・二条等の通りが南北に走る

Q2 説明が誤っているのは？

① 「寺《てら》」とは三井寺《みいでら》のこと

② 「山《やま》」とは比叡山延暦寺《ひえいざんえんりゃくじ》のこと

③ 「祭《まつり》」とは賀茂祭《かものまつり》のこと

④ 「川《かわ》」とは桂川《かつらがわ》のこと

これだけは覚えよう

1 平安京《へいあんきょう》＝都《みやこ》

2 中国にならって都を洛陽《らくよう》と呼ぶことがある。

3 そこから上洛《じょうらく》・洛中《らくちゅう》・洛外《らくがい》などの言葉ができた。

Q1 正解 ①

平安京の中央を南北に走るメインストリートが朱雀大路で、それより東を左京、西を右京《うきょう》と呼びます。内裏にいる天皇は南向きに座すので左が東、右が西になるわけです。現在の京都市も同様に東が左京区、西が右京区です。②の賀茂川は平安京の東側を流れます。③は南側には山がありません。④は南北ではなく東西です。

Q2 正解 ④

「川」を固有名詞的に使うときは、賀茂川を意味します。賀茂川は、平安京の東側を南流する川で都の中と外を分ける境界の役割を果たしています。古文の文章に頻繁に登場し、例えば「六条河原《ろくじょうがわら》」や「三条河原《さんじょうがわら》」とあれば、この賀茂川の河原だと考えます。

平安京図

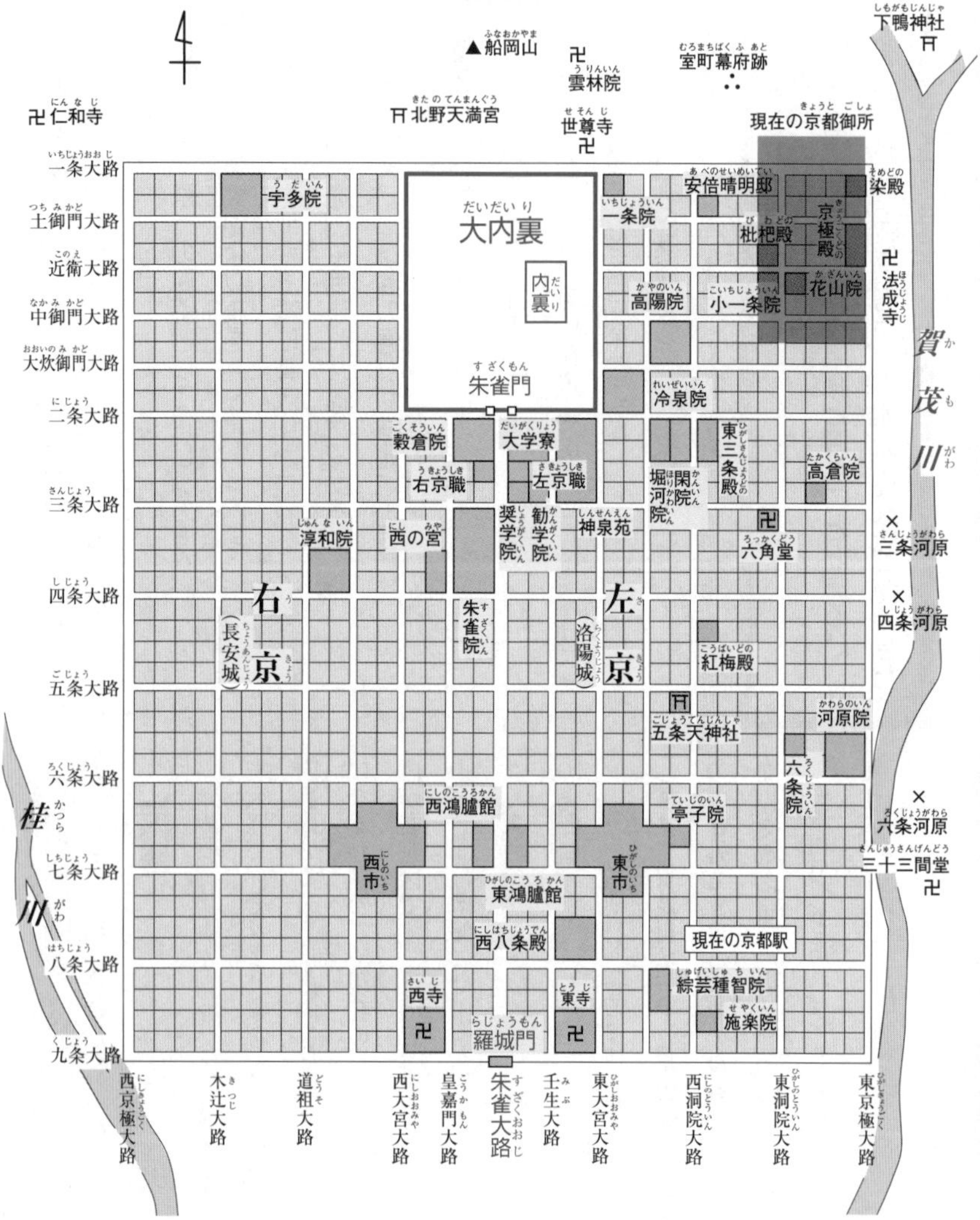
下鴨神社《しもがもじんじゃ》
船岡山《ふなおかやま》
雲林院《うりんいん》
室町幕府跡《むろまちばくふあと》
仁和寺《にんなじ》
北野天満宮《きたのてんまんぐう》
世尊寺《せそんじ》
現在の京都《きょうと》御所《ごしょ》
一条大路《いちじょうおおじ》
土御門大路《つちみかど》
近衛大路《このえ》
中御門大路《なかみかど》
大炊御門大路《おおいのみかど》
二条大路《にじょう》
三条大路《さんじょう》
四条大路《しじょう》
五条大路《ごじょう》
六条大路《ろくじょう》
七条大路《しちじょう》
八条大路《はちじょう》
九条大路《くじょう》
宇多院《うだいん》
大内裏《だいだいり》
内裏《だいり》
朱雀門《すざくもん》
一条院《いちじょういん》
安倍晴明邸《あべのせいめいてい》
染殿《そめどの》
枇杷殿《びわどの》
京極殿《きょうごくどの》
花山院《かざんいん》
法成寺《ほうじょうじ》
高陽院《かやのいん》
小一条院《こいちじょういん》
賀《か》茂《も》川《がわ》
冷泉院《れいぜいいん》
穀倉院《こくそういん》
大学寮《だいがくりょう》
東三条殿《ひがしさんじょうどの》
右京職《うきょうしき》
左京職《さきょうしき》
堀河院《ほりかわいん》
閑院《かんいん》
高倉院《たかくらいん》
淳和院《じゅんないん》
西の宮《にしのみや》
奨学院《しょうがくいん》
勧学院《かんがくいん》
神泉苑《しんせんえん》
六角堂《ろっかくどう》
三条河原《さんじょうがわら》
四条河原《しじょうがわら》
右京《うきょう》
(長安城《ちょうあんじょう》)
朱雀院《すざくいん》
左京《さきょう》
(洛陽城《らくようじょう》)
紅梅殿《こうばいどの》
五条天神社《ごじょうてんじんしゃ》
河原院《かわらのいん》
六条院《ろくじょういん》
西鴻臚館《にしのこうろかん》
亭子院《ていじのいん》
六条河原《ろくじょうがわら》
三十三間堂《さんじゅうさんげんどう》
桂《かつら》川《がわ》
西市《にしのいち》
東市《ひがしのいち》
東鴻臚館《ひがしのこうろかん》
西八条殿《にしはちじょうでん》
現在の京都駅
綜芸種智院《しゅげいしゅちいん》
西寺《さいじ》
東寺《とうじ》
羅城門《らじょうもん》
施薬院《せやくいん》
西京極大路《にしきょうごく》
木辻大路《きつじ》
道祖大路《どうそ》
西大宮大路《にしおおみや》
皇嘉門大路《こうかもん》
朱雀大路《すざくおおじ》
壬生大路《みぶ》
東大宮大路《ひがしおおみや》
西洞院大路《にしのとういん》
東洞院大路《ひがしのとういん》
東京極大路《ひがしきょうごく》

解説

七九四年に桓武《かんむ》天皇によって、長岡京から遷都された平安京は、以後約四百年間、政治・経済の中心地として国家の中枢であり続けました。また、鎌倉時代以後も、天皇や貴族の人々がいる都としてさまざまな作品に平安京は登場し続けます。それまでの都が、最長でも約七十年の平城京であることを考えれば、平安京の都としての長さがよくわかると思います。

そうした長い歴史の中で作り上げられた伝統が、文学作品に色濃く反映されています。したがって、ある程度の地理的・歴史的な知識は古文常識として知っておく必要があるのです。

☑古文常識キーワード

□**平安京**【へいあんきやう《ヘイアンキョウ》】　北は一条大路から南は九条大路まで、東は東京極《ひがしきょうごく》大路から西は西京極《にしきょうごく》大路までの道に囲まれた範囲が平安京です。東側には賀茂《かも》川が流れ、西側には桂《かつら》川が流れているうえに、北山《きたやま》、東山《ひがしやま》、西山《にしやま》それぞれの連峰に囲まれ、外敵に侵略されにくい要害の地です。桓武天皇の遷都から明治維新まで千年以上にわたり、日本の都であり続けました。

□**大内裏**【だいだいり】　平安京の北方中央に位置します。政治・儀式・行事が行われた中心地で、内裏をはじめとして、様々な役所の建物が並んでいました。東西南北それぞれに三つずつ計十二の門があり、後に上東門《じょうとうもん》と上西門《じょうさいもん》が増設され、十四の門から約一万人の官人が登庁しました。

□**朱雀大路**【すざくおほぢ《スザクオオジ》】　大内裏の南側中央にある朱雀門《すざくもん》から、はるか南にある羅城門《らじょうもん》までまっすぐに伸びた太い道で、平安京のメインストリートです。この朱雀大路を挟んで東側が左京、西側が右京で、内裏にいる天皇から見ての左右のいい方です。右京は早くからさびれ、左京を中心に都は栄えました。

□**朱雀門**【すざくもん】 中国の都、長安の朱雀門にならって名づけられました。大内裏の正門にあたり、朱塗りの二層建てで威容を誇りました。

□**羅城門**【らじやうもん《ラジョウモン》／らせいもん】 九条大路の中央に位置し、外側の山城国《やましろのくに》から平安京に入る正門で、朱雀門と正対しています。芥川龍之介の小説『羅生門《らしょうもん》』にあるように、鬼が住むと噂《うわさ》されたり、死体が投げ込まれたりしたらしく、平安時代の早くから荒廃していたようです。

□**比叡山**【ひえいざん】 平安京の北東にそびえる霊峰です。伝教大師（最澄）の開いた天台宗の総本山延暦寺があり、文学作品では単に「山《やま》」と呼ばれる例も多く見られます。延暦寺とは比叡山の山内にある堂の総称で、「東塔《とうとう》」・「西塔《さいとう》」・「横川《よかわ》」の三つの地域から成ります。『源氏物語』のいわゆる宇治十帖で、入水した浮舟を助ける「横川の僧都」など、文学作品に延暦寺にかかわる記述は多く見られます。

□**賀茂川**【かもがは《カモガワ》】 平安京の東を流れる川で、単に「川《かわ》」と呼ばれることもありました。河原は、大嘗祭《だいじょうさい》の前に天皇が御禊《ごけい》をしたり、貴族が禊《みそぎ》をしたりする場として文学作品に登場します。また四条河原《しじょうがわら》は、江戸時代初期に**出雲阿国**《いずものおくに》という女性が念仏踊りを興行して後、多くの芝居小屋でにぎわいました。

8 平安京の周辺

古文常識チェック!

Q1 和歌で有名な「逢坂《おうさか》山・逢坂の関《せき》」の場所は今のどこにあたるか?

① 京都府と滋賀県の境
② 京都府と奈良県の境
③ 京都府と大阪府の境
④ 京都府と兵庫県の境

Q2 「宇治《うじ》」の説明として正しくないものは?

① 平等院鳳凰堂《びょうどういんほうおうどう》がある
② 平安京の北西にある
③ 『源氏物語』で浮舟《うきふね》が暮らしていた
④ 『平家物語』で合戦が描かれる

これだけは覚えよう

1 平安京《へいあんきょう》周辺の寺社は物詣《ものもうで》の場。

Q1 正解 ①

逢坂山は、旧国名でいうと山城国《やましろのくに》と近江国《おうみのくに》の境にあり、逢坂の関は今の大津市にあります。京から東へ約7kmの位置にあり、東海道、東山道《とうさんどう》から京に入る東側の入り口にあたるため、関所が設けられました。逢坂山自体は、標高325mとたいした高さではありませんから、貴族の女性なども牛車《ぎっしゃ》で逢坂山を越えて近江国にある石山寺《いしやまでら》等に参詣したようです。

Q2 正解 ②

宇治は、京の15kmほど南東にあります。『小倉百人一首』に「我が庵《いほ》は都の辰巳《たつみ》しかぞ住む世をうぢ山と人はいふなり」という喜撰《きせん》法師の作った歌があります。この中の「うぢ」は「宇治」と「憂し」との掛詞で、この歌から都の辰巳(＝南東)と方角がわかります。

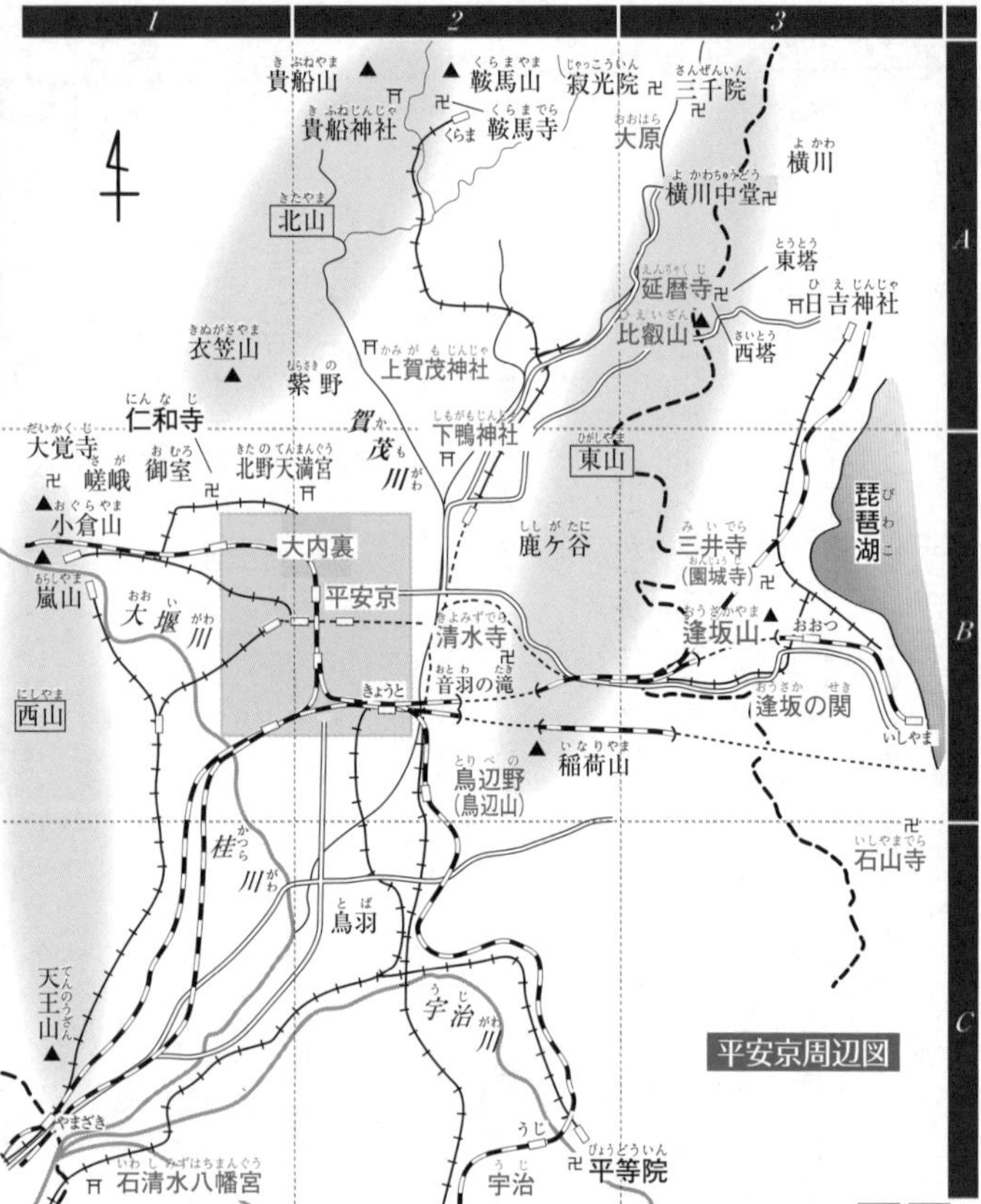

平安京周辺図

解説

平安京の周囲の地名やよく登場する寺社などの知識は、ある程度は古文常識化しているといえます。それほど厳密な地理的知識は必要ありませんが、都の周囲なのかどうなのかといった知見の有無は、古文の読解に影響を与えます。ここでは、文学作品によく出てきて、地名や寺社のことで知っておいたほうがよいと思われるものを挙げました。地図で確認しながら読んでみてください。

なお、比叡山《ひえいざん》と賀茂川《かもがわ》は洛中《らくちゅう》ではありませんが、都との結びつきがつよいので、前節 7 平安京で説明してあります。

☑ 古文常識キーワード

□**石山寺**【いしやまでら】 現在の滋賀県大津市にあり、平安時代から観音信仰で有名でした。『蜻蛉《かげろう》日記』や『更級《さらしな》日記』には作者が参詣した記事が見え、紫式部が『源氏物語』を書き始めた地という言い伝えもあります。〔C3〕

□三井寺【みゐでら《ミイデラ》】　比叡山《ひえいざん》の琵琶湖《びわこ》側の麓《ふもと》にある寺で、正式な名称は園城寺《おんじょうじ》です。同じ天台宗の比叡山延暦寺《えんりゃくじ》が単に「山《やま》」や「山門《さんもん》」と呼ばれるのと同様に、三井寺は単に「寺《てら》」または「寺門《じもん》」といういい方で文学作品に登場します。〔B3〕

□大原【おほはら《オオハラ》】　比叡山の北西の麓、現在の京都市左京区の北部にあたり、平安時代から天台宗の寺院が点在し、隠棲《いんせい》の地として知られていました。平清盛の娘で安徳《あんとく》天皇生母の建礼門院《けんれいもんいん》徳子が、源平の争乱後に出家して大原の寂《じゃっ》光院《こういん》で余生を過ごしたことが、『平家物語』や『建礼門院右京大夫集《うきょうのだいぶしゅう》』などに記されています。〔A3〕

□逢坂山（逢坂の関）【あふさかやま《オウサカヤマ》（あふさかのせき《オウサカノセキ》）】　山城《やましろ》と近江《おうみ》の国境にある山で、平安京の東側の出入り口にあたるので関所が設けられました。「逢坂」と「逢ふ」の掛詞として詠み込まれる歌枕で、『小倉百人一首』にも「これやこの行くも帰るも別れては知るも知らぬも逢坂の関」（蟬丸《せみまる》）をはじめ、「逢坂」を詠んだ歌が三首も採られています。〔B3〕

□清水寺【きよみづでら《キヨミズデラ》】　現在の京都市東山区清水にある、「清水の舞台」で有名な寺です。観音霊場として名高く、都から近いこともあり参拝者が多く、文学作品に頻繁に登場します。境内にある「音羽《おとわ》の滝」は、歌枕としても有名です。〔B2〕

□鳥辺野（鳥辺山）【とりべの（とりべやま）】　東山の一角、清水寺の南方にある葬送の地。『源氏物語』では、急死した恋人の夕顔《ゆうがお》を光源氏が葬る地として描かれています。亡くなった都の人々がここに運ばれ、火葬されたことを記す文学作品はとても多く、和歌では火葬の「煙」とともに詠まれた例が多く見られます。〔B2〕

□宇治【うぢ《ウジ》】　京都府の南部にあり、平安時代から貴族の別荘地として知られた地。藤原頼通《よりみち》が別荘を平等院《びょうどういん》に建て替えたことは有名。『源氏物語』で桐壺《きりつぼ》院の八の宮（光源氏の弟）が住み、その娘たちの話が宇治十帖《じゅうじょう》と呼ばれ、『源氏物語』の最後を飾ります。『平家物語』では先陣争いで有名な宇治川の合戦が描かれています。〔C2〕

□石清水八幡宮【いはしみづはちまんぐう《イワシミズハチマングウ》】　現在の京都府八幡《やわた》市にある男山《おとこやま》山頂に鎮座する神社。大分県の宇佐《うさ》八幡宮から勧《かん》請《じょう》され、都の南西つまり裏鬼門（＝北東が鬼門であることに対していいます）を鎮護するために建てられたといわれています。『徒然草《つれづれぐさ》』第五十二段の「仁和寺《にんなじ》の法師」の逸話で有名。〔C1〕

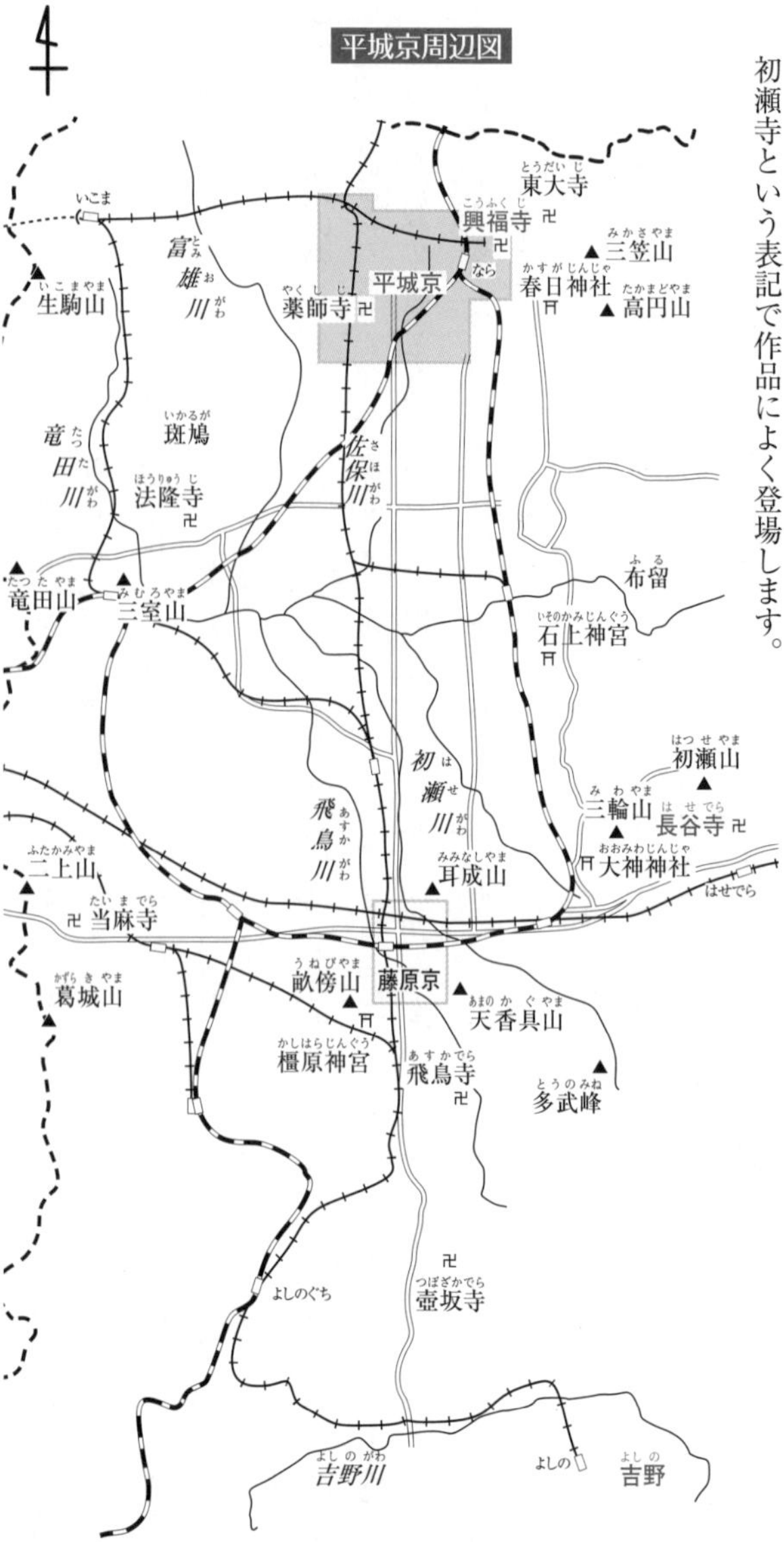

□**南都**（奈良）【なんと（なら）】広義には北の京都に対して、奈良のことを南都と呼びますが、狭義には、**延暦寺**《えんりゃくじ》を**北嶺**《ほくれい》というのに対して、**興福寺**《こうふくじ》を指して**南都**と呼ぶこともあります。興福寺は、藤原氏の氏寺で、文学作品にしばしば登場します。

□**長谷寺**（初瀬寺）【はせでら】現在の奈良県桜井市にあり、観音霊場として名高い寺。『源氏物語』や『更級《さらしな》日記』にも登場します。都からはかなり距離があるものの、藤原道長の参詣記録もあり、平安貴族の尊崇を集めていました。初瀬寺という表記で作品によく登場します。

9 内裏《だいり》

古文常識チェック!

Q1 天皇の居所はどこか?

① 弘徽殿《こきでん》
② 紫宸殿《ししんでん》
③ 大極殿《だいごくでん》
④ 清涼殿《せいりょうでん》

Q2 後宮《こうきゅう》とは?

① 天皇の妻などの住む宮中の殿舎
② 洛外《らくがい》にある離宮
③ 上皇の子
④ 宮中を守る兵士

これだけは覚えよう

1 内裏《だいり》は大内裏《だいだいり》の中にある。

2 清涼殿《せいりょうでん》・紫宸殿《ししんでん》・後宮《こうきゅう》(十《じゅう》二《に》殿舎《でんしゃ》)などがある。

Q1 正解 ④

古文で内裏が描かれることは多いですが、そのほとんどは清涼殿が舞台です。清涼殿は天皇の居所で、上達部《かんだちめ》や殿《てん》上人《じょうびと》など昇殿の許された貴族がやってくる場所でもあります。①の「弘徽殿」は内裏の中の後宮に属し、后《きさき》や女御《にょうご》が居住します。②の「紫宸殿」は内裏の、③の「大極殿」は大内裏のそれぞれ儀式用の建物です。

Q2 正解 ①

後宮は、天皇の住む清涼殿の後方(北側)にある建物で、主として天皇の妻たちが居住しました。妻たちは、「弘徽殿の女御」や「麗景殿《れいけいでん》の女御」というように建物の名で呼ばれました。また「藤壺《ふじつぼ》の中宮」や「桐壺《きりつぼ》の更衣」というように、それぞれの建物の中庭に植えてある木などを別称として冠して呼ばれることもあります。

内裏図

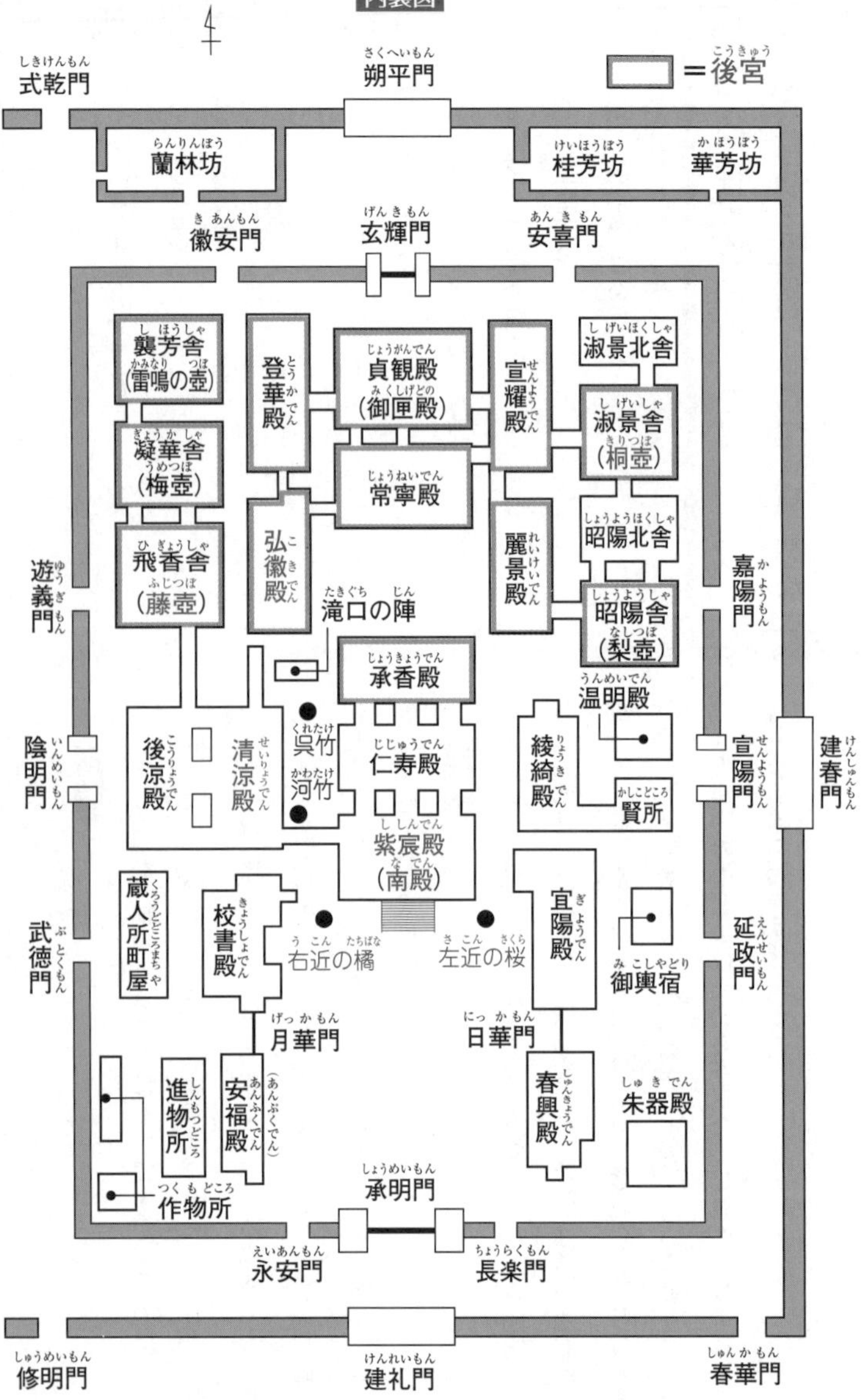

＝後宮《こうきゅう》
式乾門《しきけんもん》
朔平門《さくへいもん》
蘭林坊《らんりんぼう》
桂芳坊《けいほうぼう》
華芳坊《かほうぼう》
徽安門《きあんもん》
玄輝門《げんきもん》
安喜門《あんきもん》
襲芳舎《しほうしゃ》
(雷鳴《かみなり》の壺《つぼ》)
登華殿《とうかでん》
貞観殿《じょうがんでん》
(御匣殿《みくしげどの》)
宣耀殿《せんようでん》
淑景北舎《しげいほくしゃ》
淑景舎《しげいしゃ》
(桐壺《きりつぼ》)
凝華舎《ぎょうかしゃ》
(梅壺《うめつぼ》)
常寧殿《じょうねいでん》
弘徽殿《こきでん》
麗景殿《れいけいでん》
昭陽北舎《しょうようほくしゃ》
飛香舎《ひぎょうしゃ》
(藤壺《ふじつぼ》)
遊義門《ゆうぎもん》
嘉陽門《かようもん》
滝口《たきぐち》の陣《じん》
昭陽舎《しょうようしゃ》
(梨壺《なしつぼ》)
承香殿《じょうきょうでん》
温明殿《うんめいでん》
後涼殿《こうりょうでん》
清涼殿《せいりょうでん》
呉竹《くれたけ》
河竹《かわたけ》
仁寿殿《じじゅうでん》
綾綺殿《りょうきでん》
陰明門《いんめいもん》
宣陽門《せんようもん》
建春門《けんしゅんもん》
賢所《かしこどころ》
紫宸殿《ししんでん》
(南殿《なでん》)
蔵人所町屋《くろうどどころまちや》
校書殿《きょうしょでん》
宜陽殿《ぎようでん》
武徳門《ぶとくもん》
延政門《えんせいもん》
右近《うこん》の橘《たちばな》
左近《さこん》の桜《さくら》
御輿宿《みこしやどり》
月華門《げっかもん》
日華門《にっかもん》
進物所《しんもつどころ》
安福殿《あんふくでん》(あんぷくでん)
春興殿《しゅんきょうでん》
朱器殿《しゅきでん》
作物所《つくもどころ》
承明門《しょうめいもん》
永安門《えいあんもん》
長楽門《ちょうらくもん》
修明門《しゅうめいもん》
建礼門《けんれいもん》
春華門《しゅんかもん》

解説

平安京はそれまでの都とは違い、何百年もの間、遷都されることなく日本の中心として繁栄を極めました。その実質的にも象徴的にも中心であるのは天皇の居住する内裏です。文学作品にも内裏の中の様子が頻繁に描かれますので、建物の名や配置、どのような人々がそこに集うのかということも大事な知識といえるでしょう。

古文の世界は、現代とは全く違う制度や思想のうえに描かれます。そうした世界が凝縮した形で見られる内裏の中の様子を知ることはとても重要なことなのです。

☑古文常識キーワード

□**内裏**【だいり／うち】　天皇が住む皇居のことです。内裏には、儀礼で用いる紫宸殿《ししんでん》（南殿《なでん》）、天皇の后《きさき》たちの暮らす後宮《こうきゅう》、天皇の居住する清涼殿《せいりょうでん》などがあります。内裏をはじめとして、宮中《きゅうちゅう》、禁中《きんちゅう》、禁裏《きんり》、九重《ここのえ》、大内《おおうち》、御門《みかど》、内《うち》の御所《ごしょ》、など様々な呼称があります。

□**紫宸殿（南殿）**【ししんでん（なでん）】　内裏正面にある殿舎。朝賀（元日に行われる儀式）・即位など公式の儀式を行う内裏の正殿。南殿とも呼ばれます。

□**左近の桜・右近の橘**【さこんのさくら・うこんのたちばな】　紫宸殿の南側、十八段の階《きざはし》の前方左右に植えられている木。東側にあるのが左近の桜、西側にあるのが右近の橘と呼ばれます。木から南側に左近衛府《さこんえふ》、右近衛府《うこんえふ》の官人が列を作ることからそう呼ばれるようになりました。

□**滝口**【たきぐち】　清涼殿の北東に内裏の中を流れる水の落ち口があり、小さな滝のように見えたのでこう呼ばれました。内裏警護の武士の詰所《つめしょ》（＝滝口の陣）があり、この詰所に所属する武士を滝口の武士と呼びます。『平家物語』では、元滝口の武士で出家した滝口入道と横笛という女性の悲恋が描かれています。

□**後宮**【こうきゅう《コウキュウ》】　内裏の中で、承香殿《じょうきょうでん》も含めその後方（北側）をいい、内裏の北半分を占めます。后《きさき》や女御《にょうご》など、内裏で住まう女性が生活する場所です。弘徽殿《こきでん》、承香殿などの殿と呼ばれる建物と、飛香舎《ひぎょうしゃ》（藤壺《ふじつぼ》）、淑景舎《しげいしゃ》（桐壺《きりつぼ》）などの舎と呼ばれる建物で構成され、後宮十二殿舎と総称します。後宮といえば、男子禁制のイメージを持つかもしれませんが、『源氏物語』や『枕草子』では家族や親しい人間が出入りしていたように描かれています。

□**藤壺**【ふぢつぼ《フジツボ》】　清涼殿《せいりょうでん》の北側で弘徽殿の西にある飛香舎の異称。中庭（＝壺）に藤が植えてあるところからそう呼ばれました。中宮・女御などの高位の方が居住し、藤壺の中宮、藤壺の女御と呼ばれます。『源氏物語』では、桐壺帝の女御でありながら、光源氏と密通し皇子（後の冷泉《れいぜい》帝）を産んだ藤壺の女御（後に中宮）が有名です。

□**弘徽殿**【こきでん】　清涼殿の北側にあり、麗景殿《れいけいでん》の西に位置します。藤壺と同様、中宮・女御などのうち高位の方の御在所として使用されました。『源氏物語』では、桐壺帝に入内し、朱雀《すざく》帝の生母である弘徽殿の女御が有名です。

□**桐壺**【きりつぼ】　内裏の北東にある淑景舎の異称。中庭に桐が植えられているところからそう呼ばれました。『源氏物語』第一帖《じょう》の名としても広く知られています。桐壺帝に寵愛《ちょうあい》され、主人公光源氏の生母となった桐壺の更衣が有名です。
なお、光源氏の父である帝は、桐壺の更衣を寵愛した帝という意味で、一般に桐壺帝と呼ばれています。

10 清涼殿《せいりょうでん》

古文常識チェック!

Q1「昼の御座」の読み方は?

① ひのおまし
② ひのみくら
③ ひるのみざ
④ ひるのおとど

Q2 上《うえ》の御局《みつぼね》とは?

① 天皇のお部屋
② 天皇の妻
③ 中宮《ちゅうぐう》・女御《にょうご》の控え室
④ 身分の高い女官《にょうかん》

これだけは覚えよう

1 清涼殿《せいりょうでん》の内部の機能と名称。
2 殿上《てんじょう》の間《ま》に臣下が集う。

Q1 正解 ①

「昼《ひ》の御座《おまし》」とは、日中に天皇が居所とする場所。上達部《かんだちめ》・殿上人《てんじょうびと》の集う殿上の間と接していて、天皇はここで臣下と接見したり、管弦の遊びなどを行ったりしました。正解の読み方以外にも「ひのござ」「ひのおましどころ」などの読み方もあります。読み方と場所の持つ意味を同時に覚えておけばよいでしょう。

Q2 正解 ③

天皇の住む清涼殿には、「藤壺《ふじつぼ》の上の御局」と「弘徽殿《こきでん》の上の御局」の二つの部屋があります。中宮や女御などに対して、通常の居室以外に、夜《よる》の御殿《おとど》（天皇の寝所）の北隣に与えられた休息用の部屋です。衣装を整えたりするために使用しました。

解説

古文で最も頻繁に描かれる場所は清涼殿でしょう。天皇の居住する空間であるため、上級貴族も訪れ、殿上の間と呼ばれる部屋に伺候していました。平安時代を代表する随筆『枕草子』では、中宮に仕える女房であった作者清少納言が、清涼殿《せいりょうでん》内部の様子を克明に描いています。女房文学が花開いた時代ですから、他の作品にも内裏や清涼殿の描写が多く見られます。また、作者だけでなく、作品を読む側の多くも内裏の内部を知っていたはずで、清涼殿の構造やそれぞれの場所の役割などに関する知識は、作者と読者の共有のものだったといえるでしょう。

したがって清涼殿自体が古文常識化するのも当然のことといえます。部屋の配置や何をする場所なのかを理解するように心がけてください。

清涼殿の内部

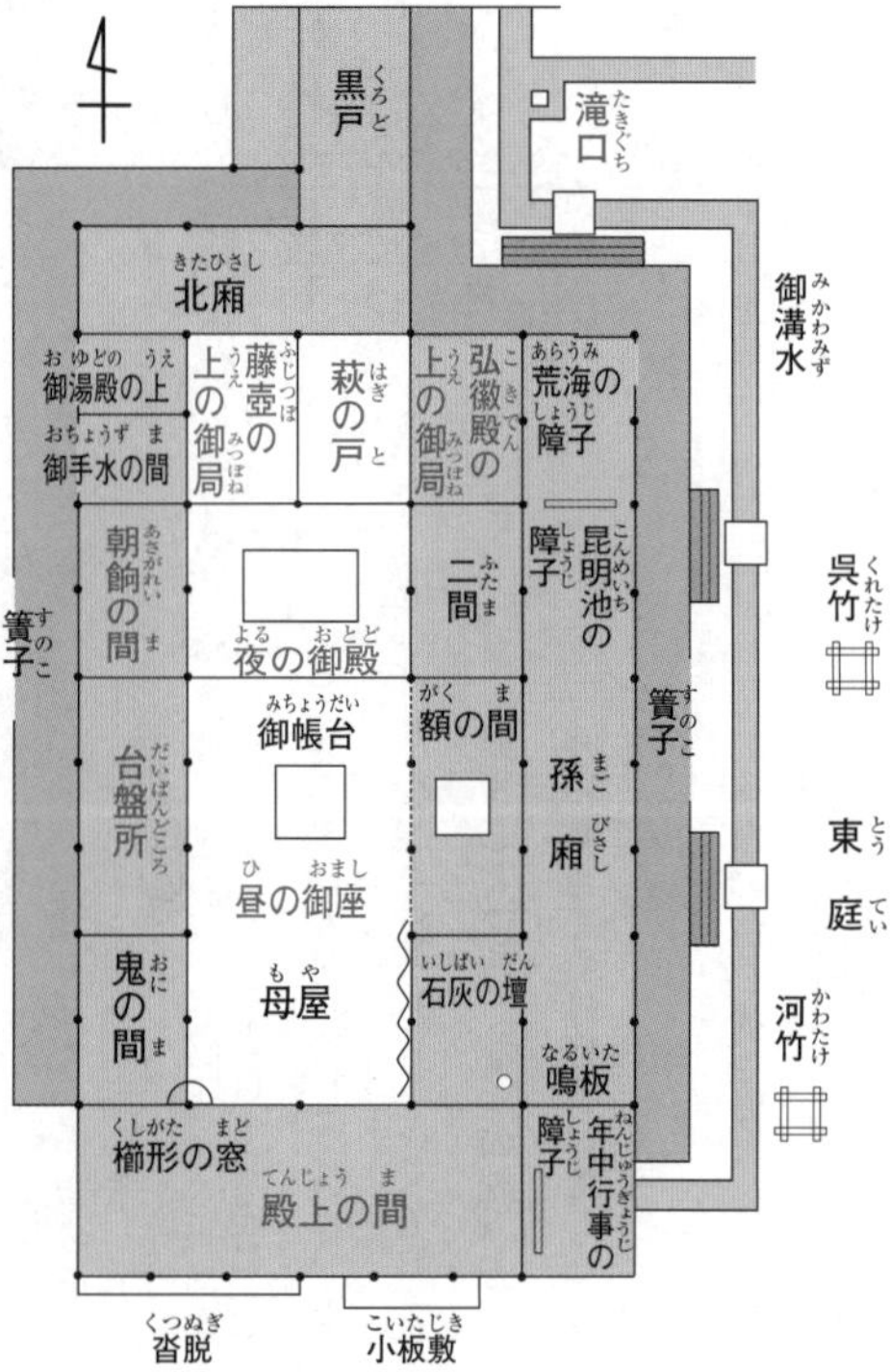

☑古文常識キーワード

□清涼殿【せいりやうでん《セイリョウデン》】　天皇が日常生活を送る殿舎で、諸儀式も行われました。南北が九間《けん》で、東西が四間の周囲に廂《ひさし》がありました。（昔は柱と柱の間の数で空間を表しました。）一間は八尺（約2.4m）～一丈（約3m）ほどの長さです。内裏の中で、文学作品に最も多く登場する建物です。

□昼の御座【ひのおまし】　天皇が日中に生活する場所。殿上《てんじょう》の間《ま》の北側にあり、ここで貴族たちと接見しました。

□夜の御殿【よるのおとど】　天皇のご寝所。この場所でお休みになるのが天皇であるという象徴的な意味を持つので、后《きさき》や女御なども天皇のお召しによって夜ここへ参上して天皇と共寝しました。

□殿上の間【てんじやうのま《テンジョウノマ》】　清涼殿の最も南に位置し、清涼殿に昇った上達部《かんだちめ》・殿上人《てんじょうびと》などが伺候する場所です。会議や事務的な仕事もここで行われました。

□昇殿【しようでん《ショウデン》】　殿上の間に昇るのが許されることをいいます。

□上童【うへわらは《ウエワラワ》】　公卿《くぎょう》の子弟で、元服前に内裏での作法などを身につけるため昇殿を許された少年です。殿上童《てんじょうわらわ》ともいいます。

□台盤所【だいばんどころ】　食器などを載せる台盤のある場所という意味で、清涼殿内での女房の詰所《つめしょ》をいいます。

□上の御局【うへのみつぼね《ウエノミツボネ》】　夜の御殿の北隣にあり、中宮や女御用に、通常使う居室以外に与えられた部屋。「藤壺《ふじつぼ》の上の御局」と「弘徽殿《こきでん》の上の御局」があり、天皇がお召しになる時に衣装を整えたり、休息したりする時に用いました。

□朝餉の間【あさがれひのま《アサガレイノマ》】　天皇が食事をする部屋です。正式な食事は昼の御座でとりました。食事は一日二回です。

□萩の戸【はぎのと】　天皇の妻が清涼殿に参上する時の控え室で、女御・更衣などが使いました。「弘徽殿の上の御局」と「藤壺の上の御局」との間にありました。

【問題A】

次の文章は、『恋路《こいじ》ゆかしき大将』の一節で、恋路大将が大風の吹いた翌朝に参内する場面である。これを読んで、後の問いに答えよ。

暁方になるままに、おびたたしう吹きまさりたる風の紛れに、いと疾《と》う内裏《うち》へ参り給《たま》ひぬ。「今宵《こよひ》は中宮の御宿直《とのゐ》なりけるが、下《お》りさせ給ひけるままに、上《うへ》は藤壺《ふぢつぼ》にわたらせ給ふ」と聞こゆれば、そなたざまへ参り給ふに、（以下省略）

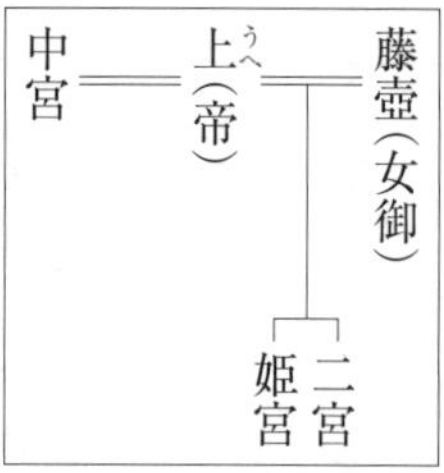

問 この文章の内容に合致するなら○を、合致しないなら×を答えなさい。

恋路大将が参内した時、女房が、「昨夜帝は中宮のところにお泊まりになりましたが、今朝こちらにお戻りになってから藤壺女御のところへお出かけになりました」と語った。

（センター本試・改）

【問題B】

次の文章は、関白であった藤原兼通《かねみち》(堀河《ほりかわ》殿)と、弟の兼家《かねいえ》(東三条《とうさんじょう》の大将殿・東三条殿)との不仲について述べたものです。よく読んで後の問いに答えなさい。

この殿たちの兄弟の御仲、年ごろの官位《つかさくらゐ》の劣り優《まさ》りのほどに、御仲悪《あ》しくて過ぎさせたまひし間《あひだ》に、堀河殿御病《やまひ》重くならせたまひて、今はかぎりにておはしまししほどに、*東の方に、先追《さきお》ふ音のすれば、御前にさぶらふ人たち、「誰《たれ》ぞ」など言ふほどに、「東三条の大将殿まゐらせたまふ」と人の申しければ、殿聞かせたまひて、「年ごろ仲らひよからずして過ぎつるに、今はかぎりになりたると聞きて、とぶらひにおはするにこそは」とて、御前なる苦しきもの取り遣《や》り、大殿籠《おほとのご》もりたる所ひきつくろひなどして、入れたてまつらむとて、待ちたまふに、「早く過ぎて、①内へまゐらせたまひぬ」と人の申すに、いとあさましく心憂くて、「御前にさぶらふ人々も、をこがましく思ふらむ。おはしたらば、関白など譲ることなど申さむとこそ思ひつるに。かかればこそ、年ごろ仲らひよからで過ぎつれ。あさましくやすからぬことなり」とて、かぎりのさまにて臥《ふ》したまへる人の、「かき起こせ」とのたまへば、人々、あやしと思ふほどに、「車に装束《さうぞく》せよ。*御前《ごぜん》もよほせ」と仰せらるれば、もののつかせたまへるか、現心《うつしごころ》もなくて仰せらるるかと、あやしく見たてまつるほどに、御冠《かぶり》召し寄せて、装束などせさせたまひて、②内へまゐらせたまひて、*陣のうちは*君達《きんだち》にかかりて、*滝口の陣の方より、御前へまゐらせたまひて、*昆明池《こんめいち》の障子《しやうじ》のもとにさし出《い》でさせたまへるに、*昼《ひ》の御座《おまし》に、東三条の大将、御前にさぶらひたまふほどなりけり。

この大将は、堀河殿すでにうせさせたまひぬと聞かせたまひて、内に関白のこと申さむと思ひたまひて、この殿の門を通りて、まゐりて申したてまつるほどに、堀河殿の*目をつづらかにさし出でたまへるに、帝も大将も、いとあさましく思《おぼ》し召す。大将はうち見るままに、立ちて*鬼の間の方におはしぬ。関白殿御前についゐたまひて、御気色《けしき》いと悪しくて、「最後の除目《ぢもく》行ひにまゐりてはべりつるなり」とて、蔵人頭《くらうどのとう》召して、関白には頼忠《よりただ》の大臣《おとど》、東三条殿の大将を取りて、小一条の済時《なりとき》の中納言を大将になし聞こゆる宣旨《せんじ》下して、東三条殿をば*治部卿《ぢぶきやう》になし聞こえて、出でさせたまひて、ほどなくうせたまひしぞかし。心意地にておはせし殿にて、さばかりかぎりにおはせしに、ねたさに内にまゐりて申させたまひしほど、こと人すべうもなかりしことぞかし。

（『大鏡』より）

（注）
* 東の方——兼家邸は兼通邸の東にあり、兼家は兼通邸の門前を通って内裏に行く。
* 御前もよほせ——先払いの家来を集めよ。
* 陣のうち——近衛府《このえふ》が警衛していた陣の内側。ここを通って、帝のいる清涼殿まで行ったのである。
* 君達にかかりて——ご子息たちの肩にもたれて。
* 滝口の陣——清涼殿の北東端にある、滝口の武士が警護のために詰めていた所。
* 昆明池の障子——清涼殿にある中国の昆明池を描いた衝立《ついたて》。
* 昼の御座——清涼殿にある天皇の御座所。
* 目をつづらかに——目をかっと見開いたまま。
* 鬼の間——昼の御座の西隣にある部屋。
* 治部卿——治部省の長官。四位相当。「大将」は従三位相当。

〈藤原氏略系図〉　＊本文中に登場する人物。

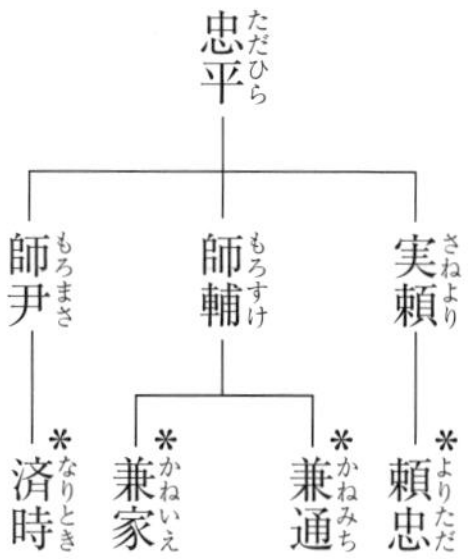

問一　傍線部①「内へまゐらせたまひぬ」とあるが、兼家は何のために参内したのか。それまでのいきさつを含めて説明せよ。

問二　傍線部②「内へまゐらせたまひて」とあるが、兼通は何のために参内したのか。それまでのいきさつを含めて説明せよ。

（岐阜大学・改）

解答・解説A

解答 ×

解説

恋愛の場面では、通常男性が女性の所に通います。しかし宮中では、夜、天皇の妻の方が夜《よる》の大殿《おとど》（⇩p.37）（＝天皇のご寝所）に行きます。したがって、本文の「『今宵《こよひ》は中宮の御宿直《とのゐ》なりけるが、下《お》りさせ給ひけるままに、上《うへ》は藤壺《ふぢつぼ》にわたらせ給ふ』と聞こゆれば」の現代語訳は、「『昨夜は中宮様のご宿泊であったが、（中宮様が）下りなさったと同時に、帝は藤壺にお渡りになる』と申し上げるので」となります。「申し上げる」の主語は明記されていませんが、帝に仕える女房などと考えておけばよいでしょう。問の文は「昨夜帝は中宮のところにお泊まりになりました」なので、合致しません。

『源氏物語』の冒頭で、桐壺の更衣が天皇の寝室に通う時に、弘徽殿《こきでん》の女御からいじめられた話は学校でも習っている人が多いと思います。父親が大納言の桐壺の更衣は、天皇のいる清涼殿から遠く離れた淑景舎《しげいしゃ》（⇩p.32、内裏図参照）に住んでいました。廊下を渡って清涼殿まで行く直前に、女御が暮らす弘徽殿がありま す。自分の部屋の前を頻繁に通って行く桐壺の更衣を気にくわなく思った弘徽殿の女御は、通り道に汚物をまき散らして送り迎えの女房達の裾を台無しにしたり、必ず通らなければならない馬道《めどう》の両端の戸を閉めて更衣を閉じ込めたりしました。それを気の毒に思った桐壺帝が、桐壺の更衣の上局《うえつぼね》として後涼殿《こうりょうでん》を与え、後涼殿から追われた更衣が桐壺の更衣を深く恨んだことは有名な話です。上局とは、上《うえ》の御局《みつぼね》ともいい、（⇩p.37）にあるように、宮中で中宮・女御などが、通常の居室の他に、天皇の御寝所のそばに与えられた休息用の部屋のことです。

※清涼殿内部の位置関係（⇩p.36）。

【現代語訳】

夜明け前頃になるにつれて、はなはだしく吹きつのっている風の騒ぎに紛れるうちに、（大将は）たいそう朝早くに内裏へ参上なさった。「昨夜は中宮様のご宿泊であったが、（中宮様が）下りなさったと同時に、帝は藤壺にお渡りになる」と申し上げるので、（大将は）そちらのほうに参上なさると、（以下省略）

(1)「今宵《こよひ》は中宮の御宿直《とのゐ》なりけるが、下《お》りさせ給ひけるままに、上《うへ》は藤壺《ふぢつぼ》にわたらせ給ふ」

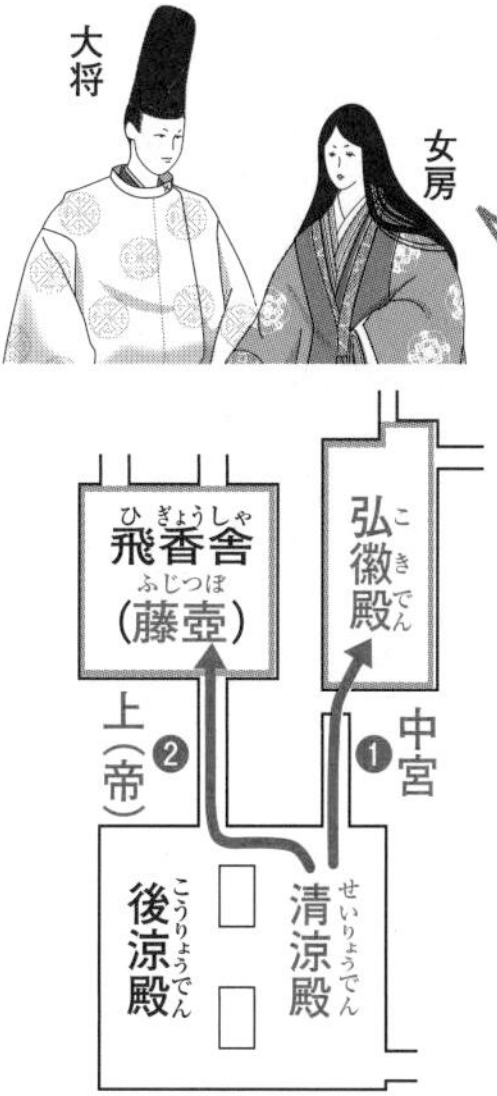

(2)(大将は)そなたざま(藤壺の方)へ参り給ふに、

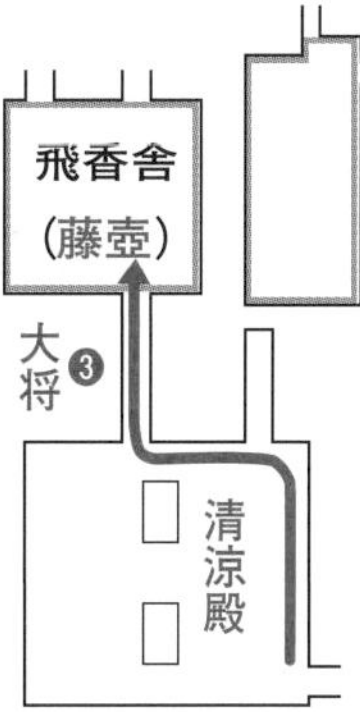

解答・解説B

解答

問一　長年仲の悪かった兄の関白兼通が亡くなったと聞き、次の関白に自分が任命されるよう帝に願い出るため。

問二　危篤の自分を見舞いにも来ず、屋敷の前を素通りする弟の兼家に激怒し、次の関白を頼忠にし、兼家を大将から治部卿に降格する除目を行うよう奏上するため。

解説

【解答のポイント】

除目《じもく》(⇩p.16)は、大臣以外の諸官職を任命する儀式のことです。公卿《くぎょう》(太政大臣・左大臣・右大臣を公、大納言・中納言・参議などを卿と呼びます)が三夜、清涼殿の帝の御前に集まり評定して行います。地方官を任命する春の「県召《あがためし》の除目」(⇩p.72)と京および宮中の官吏を任命する秋の「司召《つかさめし》の除目」(⇩p.75)がありますが、「臨時の除目」もあります。特に「県召の除目」と「司召の除目」は一家の盛衰に関わる重大事で、関心の的で

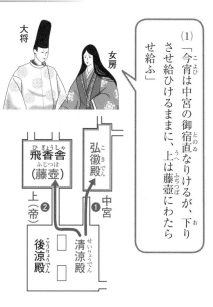

した。本文の「最後の除目」は関白兼通が奏上した「臨時の除目」です。『枕草子』をはじめ、『うつほ物語』『蜻蛉日記』『今昔物語集』などにも除目のことが記されています。

問一　該当する本文の素材部分は、第二段落の冒頭「この大将は、堀河殿すでにうせさせたまひぬと聞かせたまひて、内に関白のこと申さむと思ひたまひて、この殿の門を通りて、まゐりて申したてまつる」です。兼家が、兄の兼通が亡くなったと聞いて、「帝に関白のこと（＝自分が次の関白になりたいということ）を申し上げよう」と思って、兄の邸の門前を素通りして、（帝の所に）参上して（関白のことを）申し上げるという部分です。「年ごろ…御仲悪《あ》しくて」を付け加えてもよいでしょう。

問二　該当する本文の素材部分は以下の通りです。(1)「今はかぎりになりたると聞きて、とぶらひにおはするにこそは」は、臨終になったと聞いて兼家が見舞いに来ると兼通が勘違いした部分。(2)「早く過ぎて、内へまゐらせたまひぬ」は、兼家が見舞いに来ずに兼通邸を素通りしたと家人から兼通が聞く部分。(3)「あさましくやすからぬことなり（＝驚きあきれるほど穏やかでないことである）」は兼通が激怒した部分。「やすからず」は立腹や激怒の時に使う語です。(4)「最後の除目行ひにまゐりてはべりつるなり」は兼通が宮中に来た目的を述べた部分。その詳しい内容は、(5)「関白には頼忠の大臣、東三条殿の大将を取りて、小一条の済時の中納言を大将になし聞こゆる宣旨下して、東三条殿をば治部卿になし聞こえて」で、自分の後任の関白には頼忠を、兼家の大将の職を取り上げて治部卿にするというもの。(6)注からわかるように、降格させたという要素を付け加えるとよいでしょう。

※それぞれの役職については「主な官位相当表」（⇩p.14）参照

【問題文の背景】

兄兼通と弟兼家は「年ごろの官位の劣り優りのほど（＝長年の官位の劣り勝りのうち）」に仲が悪くなったとあります。入試問題ではこの部分に注が付いていませんが、参考として少し事情を説明します。康保四（九六七）年に兄兼通は従四位上に叙せられますが、弟兼家は従三位に昇り、兄が弟に位階で先を越されてしまいます。さらに安和二（九六九）年に兄兼通は従三位・参議に叙任され公卿になりますが、弟兼家は参議を経ずに正三位・中納言と昇進します。この官位の逆転が二人の不和の原因とされています。ところが、天禄三（九七二）年兼通・兼家の長兄伊尹が急死すると、兼通は「関白をば、次第のままにせさせたまへ（関白職を、兄弟の順序に従って任命して下さい）」という円融帝の生母の遺言を円融帝に見せ、兼通が関白となります。関白となった兼通は兼家の昇進を止めただけでなく、弟の兼家邸に客が来ると兼通はこれを罵ったので、人々は恐れて夜忍んで兼家邸を訪ねたと『栄花物語』に書かれています。このような長年の確執の後、本文の兼通臨終の場面になるのです。臨終の兄の邸を素通りし次の関白を望んで奏上しようとする弟兼家に激怒した兼通が、権力を行使して弟を排斥するのです。ほどなく兼通は死去し、その貞元二（九七七）年兼家は治部卿に左遷されましたが、翌天元《てんげん》元（九七八）年には従二位に昇り右大臣に叙せられ、摂政・太政大臣を経て永祚《えいそ》二（九九〇）年関白になりました。兼家の家系は大いに栄え、摂関を独占するようになり、道長の時に全盛を迎えるのです。

【現代語訳】

この殿たち（兼通・兼家）の兄弟の御仲は、長年の官位の劣り勝りの（競争の）うちに、御仲が悪い状態で過ごしなさった間に、堀河殿（＝兄の兼通）の御病気が重くおなりになって、今は臨終でいらっしゃった時に、（兼通邸の）東の方で、（牛車の）先払いをする声がするので、（病床の兄の堀河殿の）御前にお仕え申し上げる人たちは、「誰か」などと言う時に、「東三条殿の大将殿（＝弟の兼家）が（こちらに）参上しなさる」と人（＝家来）が申し上げたので、殿（＝兄の兼通）がお聞きになって、「長年仲がよくなくて過ごしたけれども、（私が）今は臨終になっていると（弟の東三条殿が）聞いて、見舞いにいらっしゃるのであるだろう」とおっしゃって、御前にある見苦しいものを片付け、お休みになっている所を整えなどして、「（東三条殿を）入れ申し上げよう」とお思いになって、待ちなさるうちに、「（東三条殿は）もはや（この邸を）素通りして、宮中へ参上しておしまいになった」と人が申し上げるので、（兄の堀河殿は）たいそう驚きあきれるほどつらくて、「私にお仕え申し上げる人々も、馬鹿げていると思っているだろう。（東三条殿が見舞いに）いらっしゃったならば、関白（の位）

を（東三条殿に）譲ることなどを申し上げようと思ったのに。（東三条殿が）こうであるから（＝薄情者だから）、長年仲がよくなくて過ごした（のだ）。驚きあきれるほど穏やかでないことである」とおっしゃって、臨終の様子でお休みになっている人（＝兄の堀河殿）が、「抱き起こせ」と（家来に）おっしゃるので、人々は、変だと思う時に、「車に（出かけるための）支度をしろ。御前（＝先払いの家来）を集めよ」とおっしゃるので、「（堀河殿は）物の怪が取り憑《つ》きなさったのか」、「正気もなくておっしゃるのか」と、いぶかしく見申し上げるうちに、御冠を取り寄せなさって、装束などをお召しになって、宮中へ参上しなさって、陣の内側は（堀河殿の）御子息たちの肩にもたれて、滝口の陣の方から、（帝の）御前に参上しなさって、昆明池の障子の所に顔を出しなさった時に、昼の御座に、（弟の）東三条の大将が、（帝の）御前にお仕え申し上げなさる時であった。

この（弟の東三条の）大将は、堀河殿がすでにお亡くなりになったとお聞きになって、「帝に関白のこと（＝自分が次の関白になりたいということ）を申し上げよう」とお思いになって、この（堀河殿の）門（の前）を素通りして、（帝の所に）参上して（関白のことを）申し上げる時に、堀河殿が目をかっと見開いたまま顔を出しなさったので、帝も（東三条の）大将も、本当に意外にお思いになる。（弟の）大将は（兄の堀河殿を）ちらっと見るとすぐに、立って鬼の間の方にいらっしゃった。（兄の）関白殿が（帝の）御前に膝をついて座りなさって、御機嫌がたいそう悪い様子で、「最後の除目を行いに参上したのでございます」とおっしゃって、蔵人頭をお呼びになって、関白には頼忠の大臣（を）、東三条殿の（近衛の）大将（の官職）を取り上げて、小一条の済時の中納言を（近衛の）大将に任命し申し上げる宣旨を下して、東三条殿を治部卿に任命し申し上げて、出て行きなさって、間もなくお亡くなりになったのだよ。（兄の堀河殿は）無理にも我意を通す性格でいらっしゃった殿であって、あれほど臨終の様子でいらっしゃったのに、いまいましさから宮中に参上して申し上げなさったところは、他の人がすることもできなかったことだよ。

第二章　日常生活

11 貴族の家族

古文常識チェック!

Q1 貴族の邸内で「上《うえ》」と呼ばれるのは?

① 主人
② 主人の妻
③ 主人の長男
④ 主人の娘たち

Q2 「はらから」の意味として正しいのは?

① 兄弟　② 夫婦
③ 親友　④ 旧友

これだけは覚えよう

1 妻の呼称は北《きた》の方《かた》・上《うえ》。
2 子どもたちは君達《きんだち》。

Q1 正解 ②

上は、貴人の妻を呼ぶ言葉です。『源氏《げんじ》物語』に出てくる「紫《むらさき》の上」や「明石《あかし》の上」などの呼び方がそれに該当します。内裏ならば「上」は帝《みかど》のことをいう語として使われますし、場合によっては皇后や中宮も「上」と呼ばれることもあります。場面に応じて誰のことを呼ぶのか気をつけなければいけません。

Q2 正解 ①

本来は、同腹(母親が同じ)の兄弟姉妹をいう語でしたが、次第に異腹(母親が異なる)の場合にも呼ぶようになりました。「はらから」の「から」は親族、血縁者を意味する「親族《うから》」、「族《やから》」と同じ「から」で、血縁関係にあることを示す語だと考えられています。

解説

文学作品には、貴族の家の中の様子がよく描かれます。したがって、家族が本文に描かれることも多いのですが、呼び方が現代と違うので、人物関係がわからなくなる危険性があります。

貴族の家族構成

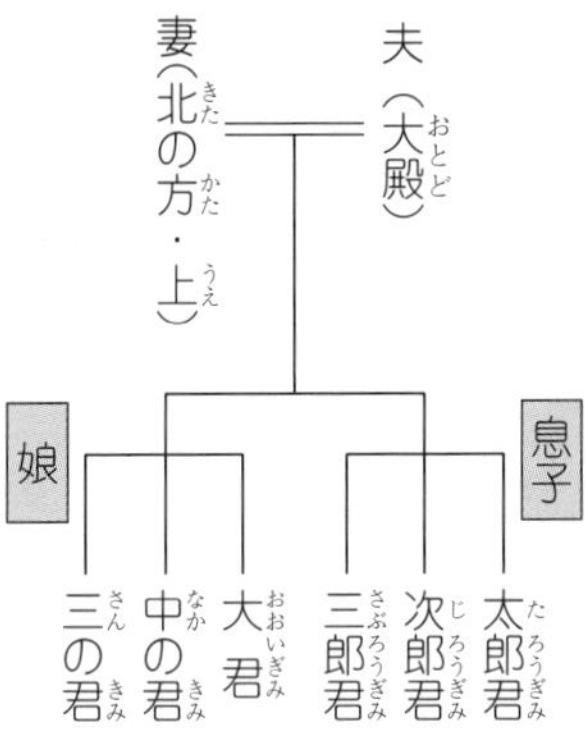

せっかく古文単語を覚えたり、古典文法に習熟していたりしても、人物関係が把握できていないと読解に支障をきたします。極端な話ですが、その人物が男か女かを間違えると文意がまったく読み取れない事態も起こります。

ここでは、貴族の家族の呼称と人物関係についてまとめておきます。正確な読解は正確な知識に基づくことを確認してください。

☑古文常識キーワード

□**大殿**【おとど】　本来は邸内に住む貴人の意で、家の主人をいいます。内裏などでは「大臣」のことを「おとど」と呼ぶので混同しないようにしましょう。

□**北の方**【きたのかた】　貴族の妻をいいます。同居婚の場合、多く寝殿造《しんでんづく》りの「北の対」（⇩p.56）に住んだのでそう呼ばれました。正妻（正室）という意味でよく使用されます。

□**上**【うへ】《ウエ》　上は一般に貴人を指す語ですが、家庭では、北の方と同じく貴族の妻をいいます。「紫《むらさき》の上《うえ》」「葵《あおい》の上」などの呼ばれ方はそこに由来します。

□**妹背**【いもせ】　親しい男女の関係をいいます。夫婦をいうことが多く、兄妹、姉弟の場合にも使われます。男性から（妻や恋人・姉妹など親しい）女性を呼ぶ**妹**《いも》と、女性から（夫や恋人・兄弟など親しい）男性を呼ぶ**背**《せ》からできた言葉です。

□**君達（公達）**【きんだち】　上流貴族や親王の子どもたちの総称です。

□太郎君【たらうぎみ《タロウギミ》】　貴人の長男を呼ぶいい方です。次男は次郎君、三男以下は三郎君、四郎君……と呼びます。

□大君【おほいぎみ《オオイギミ》】　貴人の長女を呼ぶいい方です。次女は**中《なか》の君《きみ》**、三女以下は三の君、四の君……と呼びます。

□腹【はら】　古文の表現によくあるいい方で、「～が生んだ人」という意味です。例えば、「北《きた》の方腹《かたばら》」といえば、北の方が生んだ人を表します。

□はらから　本来は母が同じ兄弟姉妹をいいましたが、後になると一般に兄弟姉妹を指す言葉になりました。

□兄人【せうと《ショウト》】　女性から見て同腹の兄弟や姉妹をいいました。

□妹【いもうと】　男性から見て姉妹をいう語でしたが、年下に限って使うようになりました。

□弟(妹)【おとうと】　男女にかかわらず弟妹をいう語です。

12 使用人たち

古文常識チェック!

Q1 平安時代の「女房《にょうぼう》」の説明として正しいのは？

① 貴人やその家族にお仕えする女性
② 貴人の娘で、婿を迎えて実家で暮らす女性
③ 貴人が人目を忍んで通う相手の女性
④ 貴人の奥方で、家事をとりしきる女性

Q2 「随身・舎人・雑色」の正しい読み方は？

① ずいしん・しゃじん・ざっしょく
② ずいしん・とねり・ぞうしき
③ ずいじん・とねり・ぞうしき
④ ずいじん・しゃじん・ざっしょく

これだけは覚えよう

1 女性の使用人を広く女房《にょうぼう》と呼ぶ。
2 男性の使用人には携わる仕事により決まった呼び方がある。

Q1 正解 ①

女房は宮廷で働く女性であると第一章でふれました(⇩p.21)が、女房のいる場面が貴人の邸内でも登場します。古文を読むうえでは、誰かにお仕えして働く女性を呼ぶ言葉だと考えてよいでしょう。屋敷で貴人の子どもの面倒を見る女房の姿が、文章中に多く描かれます。

Q2 正解 ③

どれも読みの問題で出題されやすい語で、男性の使用人の呼び名です。「御随身」ならば「みずいじん」と読みます。「内舎人」は「うどねり」、「小舎人童」は「こどねりわらわ」と読みます。正確に覚えておきましょう。

解説

貴族の邸内では、多くの使用人が生活しています。現代とは環境も習慣も違い、耳慣れない名で呼ばれ、どのような仕事を任されているのかもわかりにくく、ある程度の古文常識がなければ、どういう人がどのような場面でどう活動しているのか、さっぱりわからないということになってしまいます。

ここでは使用人たちの呼び名と仕事を説明していきます。邸内の場面では、貴族の家族が使用人と会話していることも多く、正確な人物理解が求められます。

☑古文常識キーワード

□女房【にようばう《ニョウボウ》】 貴人の邸内で、貴人やその家族に仕えて清掃、炊事、洗濯など家事全般を行う女性です。貴人の子たちに礼儀作法や文字を教えたり、遊び相手にもなります。主に邸内で働く者をいいますが、下働きの者を含めて広く召し使われる女性全般をいうこともあります。古文を読む際に特に注意したいのは、女房が単に「人」と表現されることが多いということです。例えば「若き人」が「若い女房」の意味として使われたり、「おとなしき人」が「年配の女房」の意味で使われたりします。これは、内裏にいる女房達も同様ですから、大事な古文常識としてしっかりと覚えておきましょう。

□乳母【めのと】 貴人の子を預かり、世話をし乳を与えて養い育てる女性です。授乳が終わった後も、引き続き日常生活の面倒を見ることもあります。乳母は自分が育てた子を「養君《やしないぎみ》」といい、両者の関係は長く続くことが多かったようです。

□乳母子【めのとご】 貴人の子を育てる乳母の実子で、養君と一緒に育てられます。養君と同性の場合がほとんどです。乳母子が成長すると、多くの場合養君に近侍する従者となり、その関係は一生続きます。文学作品の中では、姫君に最も近い存在で献身的に仕える侍女として登場する例が数多く見られます。男性の例では、『源氏物語』で光源氏の乳母子である惟光《これみつ》は、側近として様々な場面に登場し、光源氏に忠実に仕える腹心の部下という立場で描かれます。

□**侍女**【じぢよ《ジジョ》】　女房とほぼ同義ですが、特に貴人のそば近くに仕える女性をいい、姫君の場合は乳母子が侍女となることが多く、話し相手になったり、恋愛の相談相手になったり、また手紙の代筆なども行います。

□**侍**【さぶらひ《サブライ》】　貴人につき従う男性の従者の総称です。警護や雑用に従事しました。貴人の邸内には、侍たちの詰所《つめしょ》として用いられる「**侍所**《さぶらいどころ》」があります。

□**童**【わらは《ワラワ》】　本来は他家で召し使われる童子を呼びましたが、次第に年齢に関係なく召し使われる者を広く呼ぶようになりました。童女をいう「女童《めのわらわ》」や、おもに中将《ちゅうじょう》・少将《しょうしょう》に仕えた**小舎人童**《こどねりわらわ》などは、作品によく登場します。

□**随身**【ずいじん】　貴人を警護するため、勅命で朝廷から派遣された官人です。弓矢を持ち帯剣し、騎馬や徒歩で供奉《ぐぶ》（＝お仕えすること）しました。人数は摂政・関白では総勢十人、大臣や大将では総勢八人と定められていました。

□**舎人**【とねり】　本来は、天皇や皇族に近侍し、護衛などを務めた下級官人ですが、位階・官職などに応じて朝廷から貴人宅へ遣わされ警備や雑役に従事した「資人《しじん》」も広く舎人と呼びました。古文の作品にはそうした諸臣に与えられた舎人がよく登場します。

□**宿直**【とのゐ《トノイ》】　内裏や役所で警護などのために宿泊することをいいます。本来は、舎人が担当する仕事でしたが、平安時代には大臣や大納言などもその職務に就きました。『源氏物語』の帚木《ははきぎ》巻の「雨夜《あまよ》の品定め」は、光源氏が内裏で宿直をする夜に、若い殿上人《てんじょうびと》たちと女性論を展開するという内容でした。また、貴人の屋敷でも侍たちが宿直をしました。

□前駆【さき】「ぜんく」とも言います。牛車などで貴人が外出する際に行列の先頭に立ち、通行人などを追い払う先払いの仕事をする者で、特に馬に乗って先導すること、またはその役割の人を呼びます。「前《さき》(先)を追ふ・払ふ・駆く」など様々な表現があります。また、古文ではよく「前（先）追ふ声」という表現が出てきますが、これは貴人の通行に支障がないようにと先払いの者があげる声です。「おお」「しし」「おし」「おしおし」などと言ったようです。

□雑色【ざふしき《ゾウシキ》】貴人の家に仕え、雑役をする下男《げなん》です。

古文常識 知恵袋

Q 文章中に「御前《おまへ》」という言葉がよく出てきますが、どのような意味ですか？

A 文脈によって多様な訳し方をする言葉です。最もよく見かけるのは「貴人・貴人の前」という意味です。「御前に進み出でて」などがその例にあたります。同じ使い方で神や仏の前という意味でも使います。ほかには、貴人に伺候すること、また伺候する女房を指して使われることもあります。「御前たち」といういい方ならば女房達の意味です。また、牛車《ぎっしゃ》に従う男性の従者を呼ぶこともあります。貴人その人を「御前」または「～の御前」（「殿《との》の御前」等）ということもあります。それぞれは、何か特徴的な使い方をするわけではありませんので、文脈から判断して意味を考えていくしかありません。貴人がかかわる文脈になることが多いですから、敬語の使い方なども参考にして見極めていきましょう。

13 寝殿造《しんでんづく》り

古文常識チェック!

Q1 寝殿の別名は?

① 東殿
② 西殿
③ 南殿
④ 北殿

Q2 「前栽・築地・透垣」の正しい読み方は?

① せんざい・ついじ・すいがい
② ぜんざい・ついじ・すきがき
③ ぜんざい・つきじ・すいがい
④ せんざい・つきじ・すきがき

これだけは覚えよう

1 貴族の屋敷は寝殿造《しんでんづく》り。
2 中心の建物は寝殿=南殿《なでん》。

Q1 正解 ③

屋敷の中心となる、寝殿と呼ばれる建物が最も南に位置するので、「南殿（なでん・なんでん）」とも呼ばれました。通常は、寝殿の南側に庭が広がり、池や築山《つきやま》が配されます。内裏では紫宸殿《ししんでん》が南に位置し、寝殿と同様「南殿」と呼ばれました。

Q2 正解 ①

前栽《せんざい》は、庭に植えてある草木のことをいいます。自然に生えているものではなく、人工的に植えられたものをいいます。築地《ついじ》は、土塀《どべい》のことです。外部と屋敷の境界です。歴史的仮名遣いでは「ついぢ」となります。透垣《すいがい》は、竹などでつくった垣根です。向こう側が透けて見える垣根という意味です。

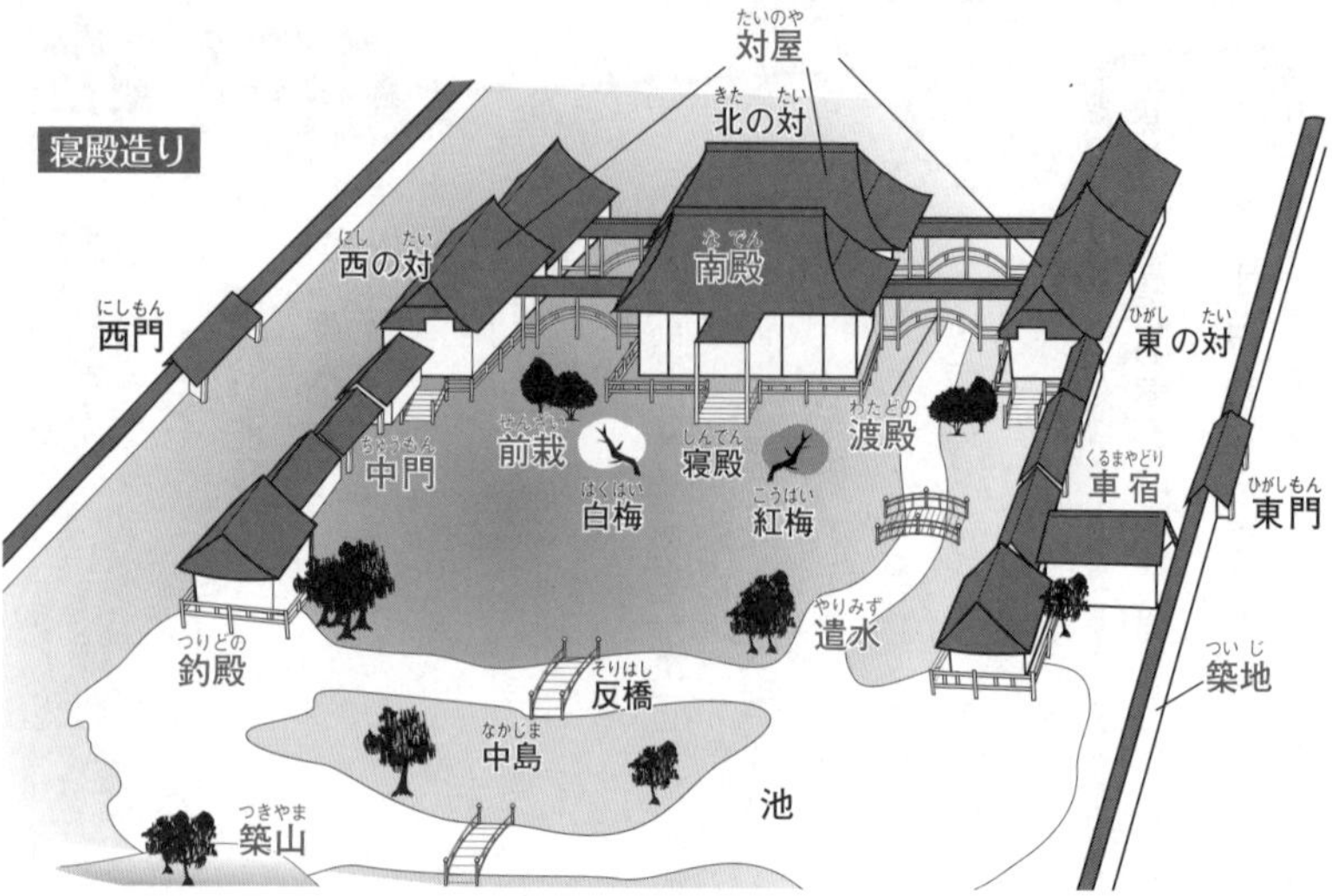

☑ 古文常識キーワード

□南殿【なでん／なんでん】　南向きの御殿のことで、寝殿ともいいます。主人の居間・客間として使われました。

□対屋【たいのや】　寝殿の東西と北に造られた別棟の建物です。それぞれ**東の対《たい》・西の対・北の対**と呼びました。夫人・家族・女房《にょうぼう》が住みました。「北《きた》の方《かた》」は正妻が北の対に住んだことからの呼称です。

□釣殿【つりどの】　東西の廊の南端にある、池に臨んだ建物です。

□渡殿【わたどの】　建物と建物をつなぐ、屋根のある廊下です。

□築山【つきやま】　庭園で、山に見立てて石や土砂を盛り上げて築いたものです。

□遣水【やりみづ《ヤリミズ》】　庭に溝を掘って川の水を導き、小川のように造ったものです。

□中門【ちゅうもん《チュウモン》】　東西にある表門と寝殿との間に設けられた門です。東西の対屋と池に臨む釣殿《つりどの》をつなぐ長廊下の中ほどを切り離して開き、屋根だけを設け、牛車《ぎっしゃ》の通行を可能なようにしてあります。客は中門で牛車から下り、案内を請います。（ほとんど家の中で暮らす平安時代の女性にとって、外の世界からの変化は中門を通って訪れました。）

□車宿【くるまやどり】 牛を外した牛車を入れておく建物です。中門の外に設けました。

□前栽【せんざい】 庭先に植えてある草木です。

□築地【ついぢ《ツイジ》】 土塀です。「築泥《ついひじ》」の変化した語です。

□透垣【すいがい】 庭などの周囲を仕切るための、板や竹で間を少し透かして作った垣根です。内側が透けて見えるので、物語では「垣《かい》間《ま》見《み》」の場面（⇩P.98）によく出てきます。

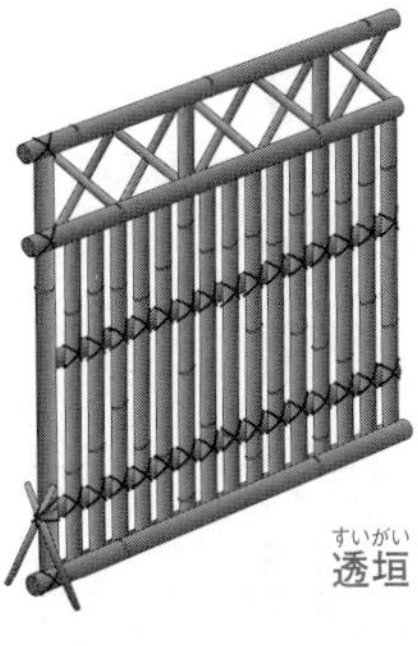

透垣《すいがい》

古文常識チェック!

Q1 「御《み》格子《かうし》参る」とは何をすること?

① 格子のもとに参上すること
② 格子の開閉をすること
③ 格子の近くで見張りをすること
④ 格子の掃除をすること

Q2 「簀子」の正しい読みは?

① きざはし
② すのこ
③ しとみ
④ ひさし

これだけは覚えよう

1 格子が家の外と内を分ける。

Q1 正解 ②

格子は日が暮れると下ろし、夜が明けると上げる開閉式の戸です。外開きの形になっていて、上げられた戸は金具で止めておきます。「御《み》格子《かうし》参る」は、その格子を上げ下げして開閉する作業のことをいいます。開閉どちらにも使う語で、場面によって上げているか下げているかがわかります。

Q2 正解 ②

簀子《すのこ》は建物の外、縁側にあたる部分で、雨ざらしなので濡縁《ぬれえん》とも呼ばれます。①は階《きざはし》で、階段のこと。③は蔀《しとみ》で、雨戸のような役割を果たす戸です。④は廂《ひさし》で、廂の間《ま》ともいい、簀子の内側にある細長い部屋です。

☑ 古文常識キーワード

□**母屋**【もや】　家屋の中心に位置する部分で、廂《ひさし》と対になる語です。廂との間に仕切りはありませんが、母屋は主に家族が、廂は女房など使用人が使いました。

□**廂**【ひさし】　母屋の外側、簀子の内側にある細長い部屋。廂の間ともいいます。

□**簀子**【すのこ】　廂の外側にある板敷きの縁側です。

□**局**【つぼね】　宮殿や貴族の屋敷などで、仕切って上級女房や女官の私室に当てた部屋です。北と東西の廂にありました。壁で固定的に仕切ったものもありますが、屏風《びょうぶ》や几帳《きちょう》で簡便に囲っただけのものをいうことが多いです。

□**端近**【はしぢか】　建物の中で、簀子《すのこ》（縁側）に近い部分です。北《きた》の方《かた》や娘は、夫と父親以外に顔を見せず部屋の奥の方におり、端近には座らないのが普通です。

□**御簾**【みす】　貴人のいる部屋の簾《すだれ》です。母屋《もや》と廂の間、廂と簀子の間に掛けます。昼間は内から外側は見えますが外側から内側は見えません。女性は成人後（裳着の儀式後）は父親と夫にしか顔を見せなかったので、「男性が御簾の中に入った」ということは「男性に顔を見せた」ということで、「男女関係になった」ということになります。御簾の内側と外側とでは二人の関係が全く違うものになります。求愛の場面では、御簾の内側に女性がいて、男性はまだ外側にいると考えてよいでしょう。

□**格子**【かうし《コウシ》】　細長い角材を一定間隔に縦横に組み合わせ、裏側に板を張った黒塗りの戸。柱と柱の間にはめてあります。上下二枚に分かれていて、上の戸だけをつり上げて開き、下の戸は掛けがねで止め、開放するときは取り去ります。重い格子の上げ下げをするのは家来たちの仕事でした。「御格子参る」で貴人のために格子を開閉してさしあげることで、開閉どちらにも使います。

寝殿の構造

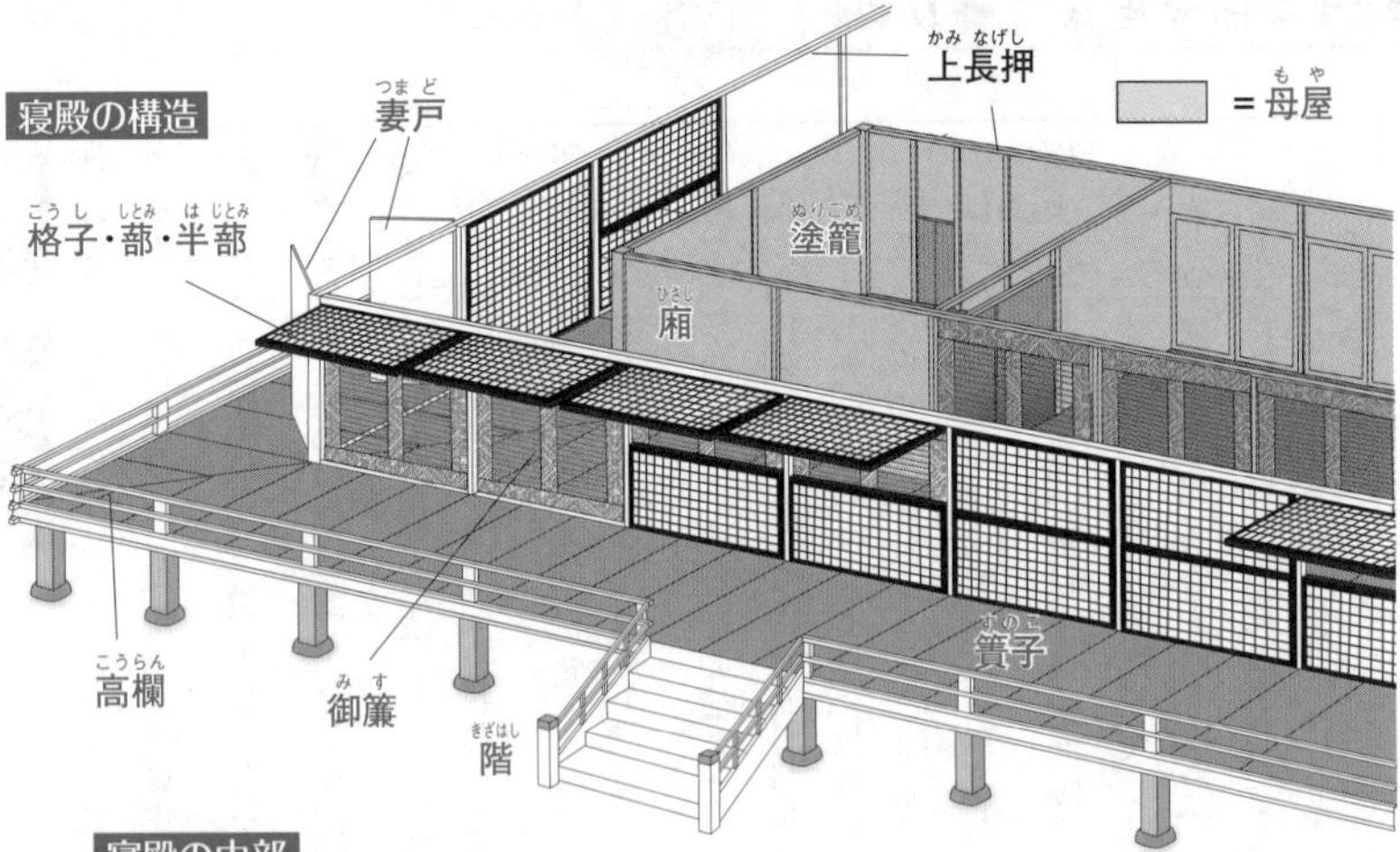

寝殿の内部

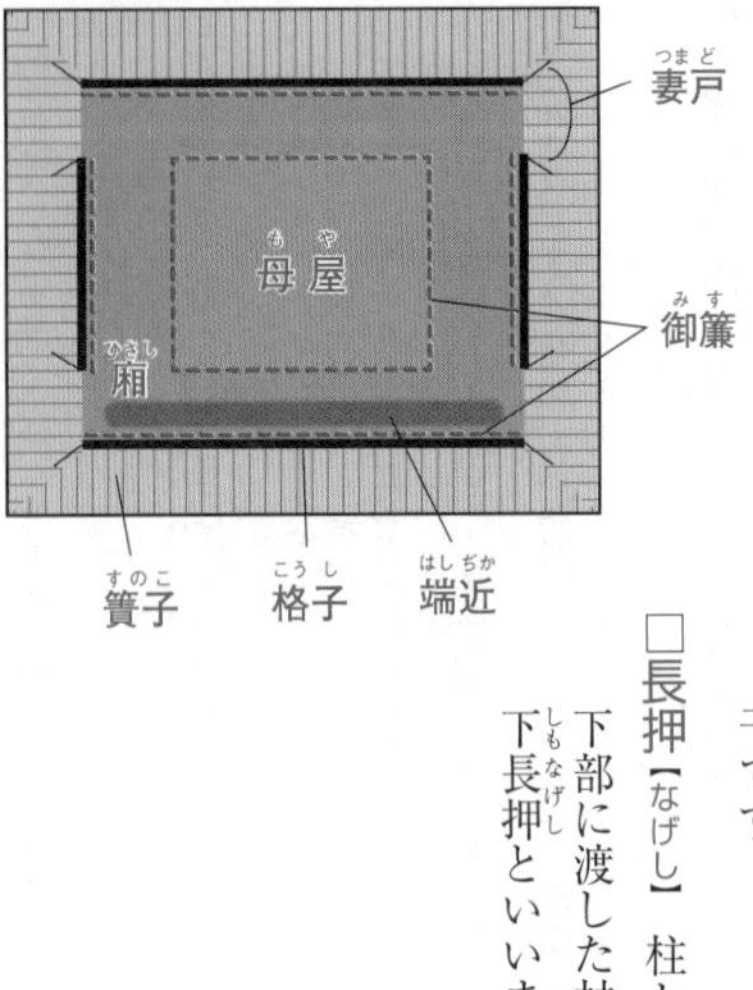

□蔀【しとみ】 格子も蔀の一種ですが、蔀は格子ほど立派でなく、やや粗末なものをいったようです。

□半蔀【はじとみ】 蔀の一種。上半分は外側に上げるようにしてあり、下半分は固定されています。

□階【きざはし】 階段のことです。

□塗籠【ぬりごめ】 寝殿や対の屋に設けられた壁で塗り囲まれた閉鎖的な空間で、寝室や収納に使いました。錠《じょう》のかかる戸がつけられています。

□高欄【かうらん《コウラン》】 簀子《すのこ》のふちなどに設けた欄《らん》干《かん》です。

□長押【なげし】 柱と柱の間に水平に上部と下部に渡した材木で、それぞれ上長押《かみなげし》・下長押《しもなげし》といいます。

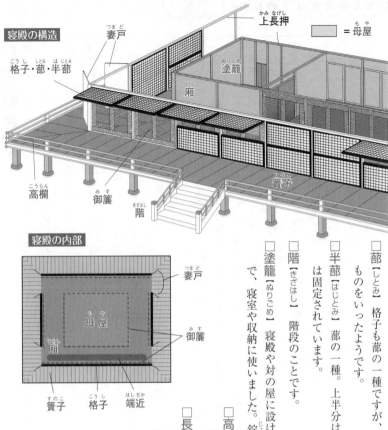

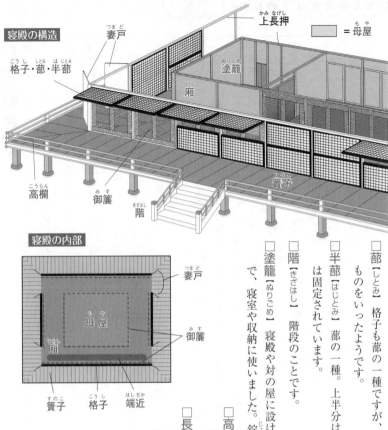

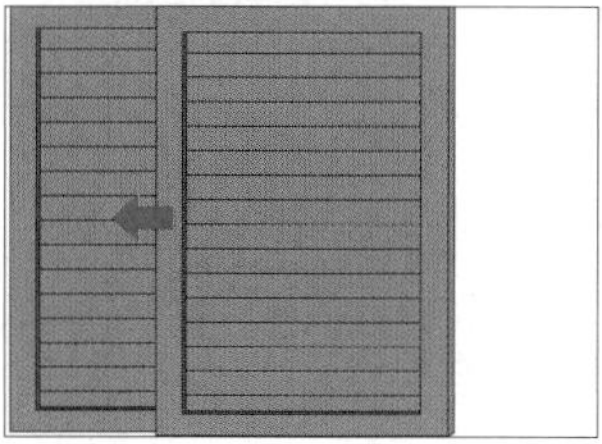

遣戸《やりど》

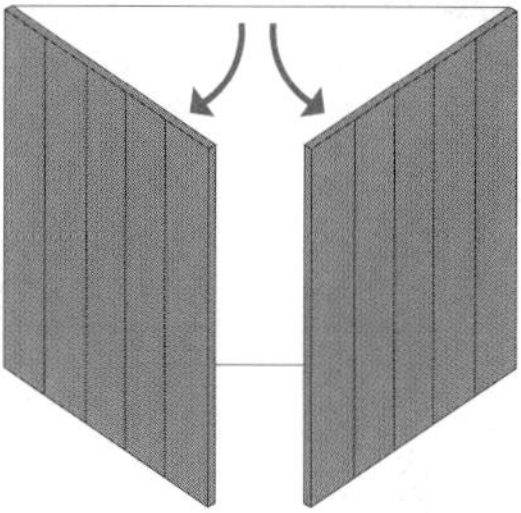

妻戸《つまど》

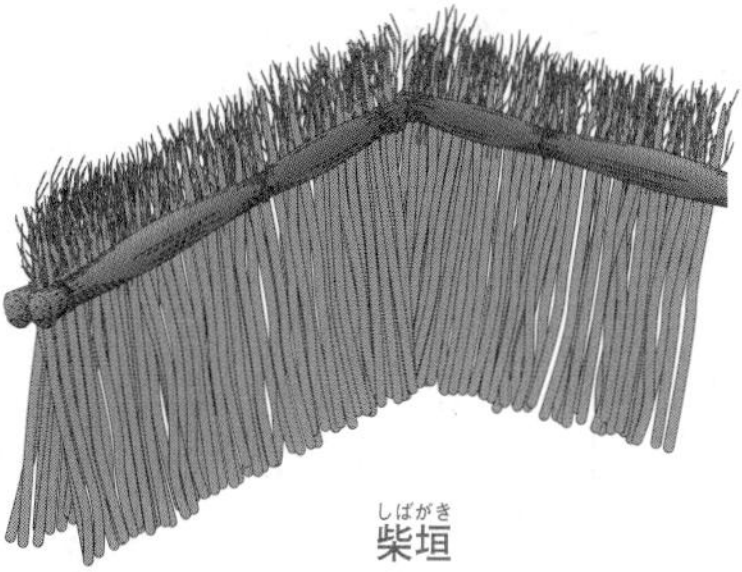

柴垣《しばがき》

籬《まがき》

□妻戸【つまど】　端《つま》にある戸という意味です。建物の四隅の出入り口にある、両開きの板戸です。夜間は廂《ひさし》と簀子の境を蔀・格子で閉めてあり、妻戸を開けて出入りしました。

□遣戸【やりど】　左右に引いて開閉する戸です。

□柴垣（小柴垣）【しばがき（こしばがき）】　雑木を編んで作った垣根です。小柴垣は丈の短いものです。

□籬【まがき】　雑木や竹などで目を粗く編んだ垣です。「籬《ませ》」ともいいます。

調度

古文常識チェック!

Q1 几帳《きちょう》の説明で誤っているのは?

① 持ち運び、移動ができる

② 帷子《かたびら》という布がついている

③ 高さは約二メートル

④ 人の姿を見せないようにする

Q2 「円座・厨子・伏籠」の正しい読み方は?

① わろうだ・ちゅうし・ふしかご

② まろうざ・ずし・ふしかご

③ まろうざ・ちゅうし・ふせご

④ わろうだ・ずし・ふせご

これだけは覚えよう

1 御簾《みす》や几帳《きちょう》で人目を避ける。

Q1 正解 ③

几帳は、間仕切りや目隠しのための調度です。高さが三尺（約0.9ｍ）または四尺（約1.2ｍ）で、移動が簡単にでき、布を垂らして外から見られないスペースを作ることができます。几帳の内側で横になるなど用途は様々です。

Q2 正解 ④

円座《わろうだ》は、わらなどで編んだ敷物です。歴史的仮名遣いは「わらふだ」です。厨子《ずし》は、書物などを収納する戸棚です。両開きの戸をつけて仏像を安置することもありました。伏籠《ふせご》は籠《かご》の一種で、中に置いた火取《ひとり》（＝香炉）で香を焚《た》き、衣服をかけて焚きしめるために使います。

調度

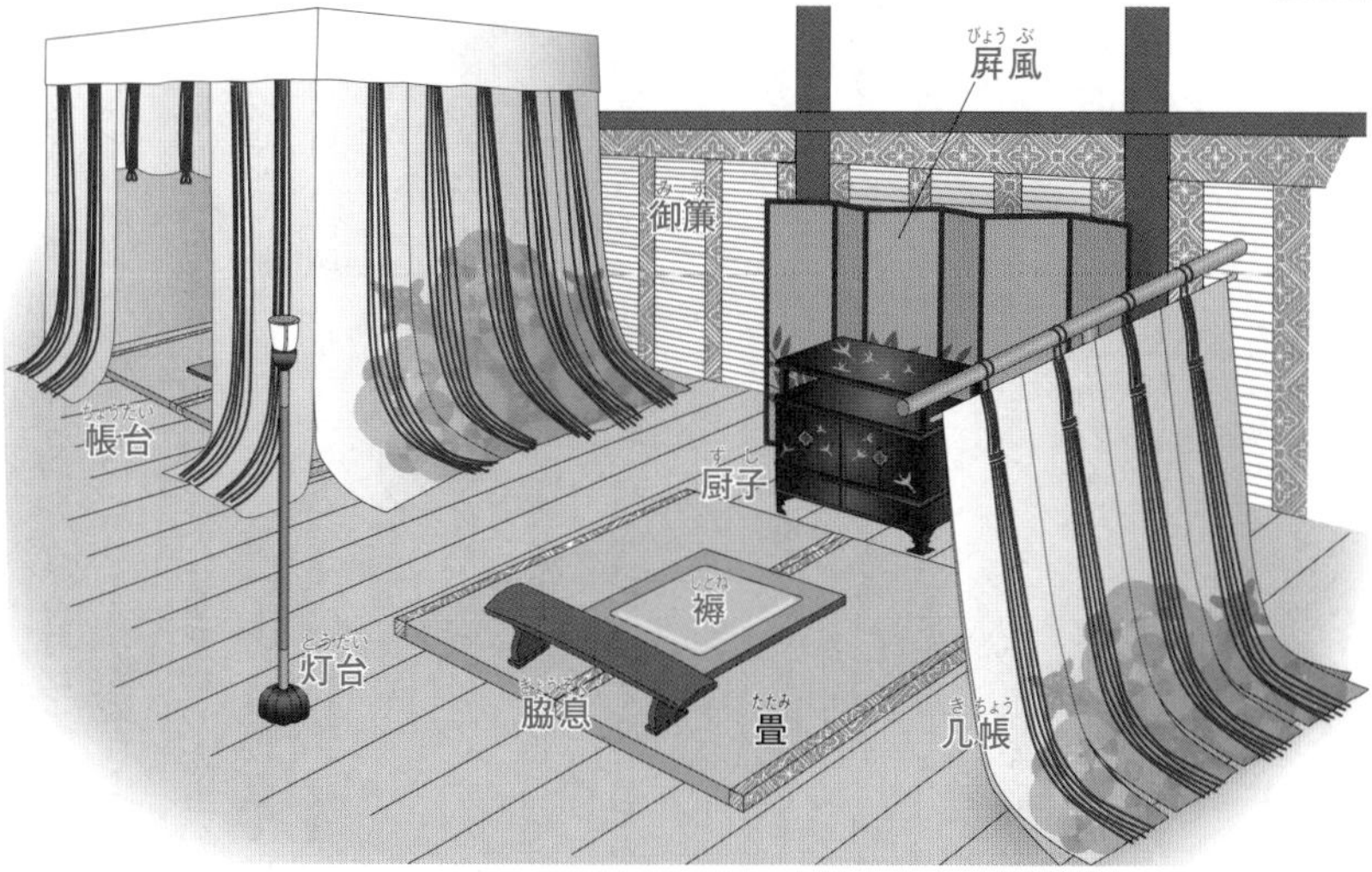

☑ 古文常識キーワード

□**几帳**【きちやう《キチョウ》】 室内に立てて隔てとした調度です。移動が容易な、部屋を仕切る家具です。人の腰から肩の高さです。四～五枚の布の上の部分を縫い合わせ、途中から下は縫い合わせず切れています。下の、縫い合わせていない部分を几帳のほころびといいます。几帳や屏風による部屋の配置を「しつらい」といいました。御簾や几帳は単なる家具ではなく、様々な人間模様が繰り広げられる場面の大事な小道具なのです。

□**屏風**【びやうぶ《ビョウブ》】 室内に立てて物を隔てさえぎり、装飾にする家具です。室内のしきりに使います。縦長の木の板に紙などを貼った物を二～六枚つなぎ合わせてあります。絵や書で飾ってあるのが普通です。

□**襖障子**【ふすましやうじ《フスマショウジ》】 現在のふすまにあたります。両面に紙または布を貼ってあります。

□**帳台**【ちやうだい《チョウダイ》】 母屋《もや》に設けた貴族が寝たり休んだりするところです。床の上に畳を敷き、四隅に柱を立ててとばりを垂れ、巻き上げて出入りします。天皇用に台を高くしたものを**高御**《たかみ》**座**《くら》といいます。

□衾【ふすま】 布などで仕立て、寝る時に上にかける夜具。長方形の袷《あわせ》（＝裏地の付いた着物）で、ふつう綿を入れます。

□枕【まくら】 角ばった木製の枕に布をはったものが多かったようです。平安時代は敷き布団がなく畳の上に直接寝ていました。「枕を交《か》はす」は男女が契りを結ぶことです。「草枕《くさまくら》」は草を結び枕にして野宿することから「旅」にかかる枕詞です。

□褥【しとね】 床などに敷いて寝たり座ったりするための敷物です。

□円座【わらふだ《ワロウダ》】 藁《わら》などで渦巻き状に丸く平たく編んだ敷物です。

□脇息【けふそく《キョウソク》】 座った時、傍らに置いてひじをかけ、体を支える道具です。

□炭櫃【すびつ】 部屋に据えられた四角い火鉢です。

□火桶【ひをけ《ヒオケ》】 持ち運びできる木製の丸火鉢です。

□厨子【づし《ズシ》】 書物などを収納する戸棚です。棚は二段で、下段に扉のあるものもあり、持ち運びもできます。

□文机【ふづくえ】 書物を載せて読書したり書き物をしたりするための机です。

□硯蓋【すずりぶた】 硯箱のふたで蒔絵《まきえ》などの装飾が施されています。手紙や贈り物を運んだり渡したりするときの入れ物としても使います。

枕《まくら》

炭櫃《すびつ》

衾《ふすま》

襖障子《ふすましょうじ》

火桶《ひおけ》

円座《わろうだ》

□灯台【とうだい】　室内用の照明器具です。木製で、上に油皿を置いて火をともします。

□大殿油【おほとなぶら《オオトナブラ》】　宮中や貴族の殿中にともした油の灯火です。

□紙燭【しそく】　松の木を長さ50㎝、太さ1㎝くらいの棒状にけずって作った照明の道具です。手に持つ部分を紙で巻き、先をこがして油をぬり点火します。

□伏籠【ふせご】　伏せて上に衣服をかけるための籠《かご》です。中で香《こう》を焚《た》き、その匂いを衣服に焚きしめます。中に火鉢を入れ、衣服を乾かしたりするのにも使います。

□火取【ひとり】　香を焚きしめるのに用いる香炉です。

□薫物【たきもの】　種々の香を混ぜて作った練り物です。

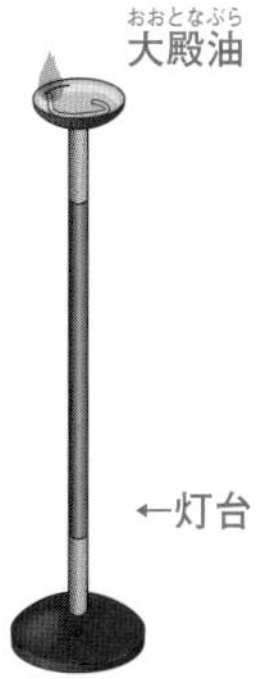

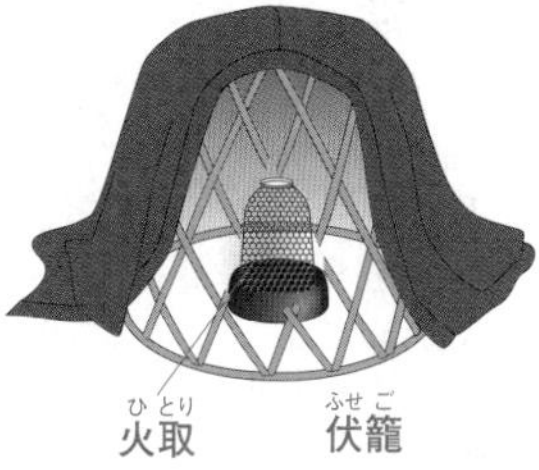

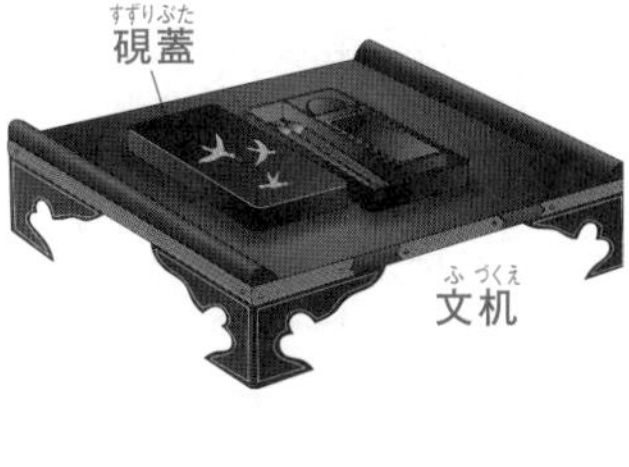

16 暦・時刻・方角

古文常識チェック!

Q1「酉《とり》の刻《こく》」とは何時ごろ?

① 午前四時ごろ　② 午前十時ごろ
③ 午後六時ごろ　④ 午後十時ごろ

Q2「乾《いぬい》」はどの方角?

① 北東　② 北西　③ 南東　④ 南西

これだけは覚えよう

1 年は干支《かんし》《えと》(十干《じっかん》・十二支《じゅうにし》)で表す。
2 時刻と方角は十二支で表す。
3 暦は月の満ち欠けに基づく太陰暦《たいいんれき》を使用。

Q1 正解 ③

古文の時刻は十二支であらわします。十二支をしっかりと覚えていれば時刻はわかります。十二支は読み書きできるようにしておくのが良いでしょう。「酉」は「とり」と読むことがわかれば、午前零時ごろを示す「子《ね》の刻」から数えて③が正解とわかります。

Q2 正解 ②

時刻と同様に方角も十二支で示すことがあります。子が北で、時計回りに十二支を配していくと、北西の方角は「戌《いぬ》」と「亥《ゐ》」の間になりますから、「戌亥」または漢字一字で表して「乾」となります。

解説

古文の世界では、中国由来の十干十二支で年を表す方法を採用していました。現代でも馴染《なじ》みのある十二支に十干を加えて甲子《きのえね》、辛亥《かのとゐ》というようにその年を示したのです。また、十二支は一日の時刻や方角を表す時にも用いられました。このように十二支は、古文常識のなかでも根本的なものなので、読むだけでなく書けるようにしたほうが良いでしょう。

暦は太陰暦（陰暦・旧暦）が使用され、月の満ち欠けに基づいて日が定まっています。したがって、毎月十五日は満月です。

五行思想と干支

五行《ごぎやう》		十干《じつかん》
木（き）	兄《え》	甲（きのえ）
	弟《と》	乙（きのと）
火（ひ）	兄《え》	丙（ひのえ）
	弟《と》	丁（ひのと）
土（つち）	兄《え》	戊（つちのえ）
	弟《と》	己（つちのと）
金（かね）	兄《え》	庚（かのえ）
	弟《と》	辛（かのと）
水（みづ）	兄《え》	壬（みづのえ）
	弟《と》	癸（みづのと）

十二支《じふにし》
子（ね）
丑（うし）
寅（とら）
卯（う）
辰（たつ）
巳（み）
午（うま）
未（ひつじ）
申（さる）
酉（とり）
戌（いぬ）
亥（ゐ）

干支《かんし》《えと》

1 甲子（きのえね）	2 乙丑（きのとうし）	3 丙寅（ひのえとら）	4 丁卯（ひのとう）	5 戊辰（つちのえたつ）	6 己巳（つちのとみ）	7 庚午（かのえうま）	8 辛未（かのとひつじ）	9 壬申（みづのえさる）	10 癸酉（みづのととり）	11 甲戌（きのえいぬ）	12 乙亥（きのとゐ）
13 丙子（ひのえね）	14 丁丑（ひのとうし）	15 戊寅（つちのえとら）	16 己卯（つちのとう）	17 庚辰（かのえたつ）	18 辛巳（かのとみ）	19 壬午（みづのえうま）	20 癸未（みづのとひつじ）	21 甲申（きのえさる）	22 乙酉（きのととり）	23 丙戌（ひのえいぬ）	24 丁亥（ひのとゐ）
25 戊子（つちのえね）	26 己丑（つちのとうし）	27 庚寅（かのえとら）	28 辛卯（かのとう）	29 壬辰（みづのえたつ）	30 癸巳（みづのとみ）	31 甲午（きのえうま）	32 乙未（きのとひつじ）	33 丙申（ひのえさる）	34 丁酉（ひのととり）	35 戊戌（つちのえいぬ）	36 己亥（つちのとゐ）
37 庚子（かのえね）	38 辛丑（かのとうし）	39 壬寅（みづのえとら）	40 癸卯（みづのとう）	41 甲辰（きのえたつ）	42 乙巳（きのとみ）	43 丙午（ひのえうま）	44 丁未（ひのとひつじ）	45 戊申（つちのえさる）	46 己酉（つちのととり）	47 庚戌（かのえいぬ）	48 辛亥（かのとゐ）
49 壬子（みづのえね）	50 癸丑（みづのとうし）	51 甲寅（きのえとら）	52 乙卯（きのとう）	53 丙辰（ひのえたつ）	54 丁巳（ひのとみ）	55 戊午（つちのえうま）	56 己未（つちのとひつじ）	57 庚申（かのえさる）	58 辛酉（かのととり）	59 壬戌（みづのえいぬ）	60 癸亥（みづのとゐ）

☑古文常識キーワード

□十干《ジッカン》【じっかん】　中国の五行《ごぎょう》思想の、万物を構成する五つの元素、木・火・土・金・水をそれぞれ兄《え》（陽）・弟《と》（陰）にわけ、十の漢字をあてて示したものです。

□十二支《ジュウニシ》【じふにし】　年・時刻・方角を示すときに用いられました。

□干支【かんし／えと】　十干と十二支を組み合わせて年・時刻・方位などを表す方法です。最初の年を甲子《きのえね》、次の年を乙丑《きのとうし》と表現していくと、十と十二の最小公倍数は六十なので、六十年で一巡して、六十一年目にまた甲子に戻るという仕組みです。また、干支は日にちにも用いられ、これも六十日で一巡します。

時刻の考え方(定時法)

十二支を使い時刻を示します。子《ね》が午前零時ごろです。また、その前後二時間（＝午後十一時ごろ〜午前一時ごろ）も子の刻となります。辰《たつ》の刻は午前八時ごろ（＝午前七時ごろ〜午前九時ごろ）、未《ひつじ》の刻は午後二時ごろ（＝午後一時ごろ〜午後三時ごろ）となるわけです。時刻はこのように子の刻から考えていけばよいのですが、二時間が単位ではあまりにも長すぎるので、さらに一刻を四等分して一つ二つ……と数えるやり方で三十分単位を示すいい方もあります。子一つは午後十一時ごろ〜十一時半ごろ、子二つは午後十一時半ごろ〜午前零時ごろとなります。

方角の考え方

十二支は方角にも使用します。子《ね》は北、卯《う》は東、午《うま》は南、酉《とり》は西をそれぞれ示します。また、実生活では、例えば北

時刻・方角

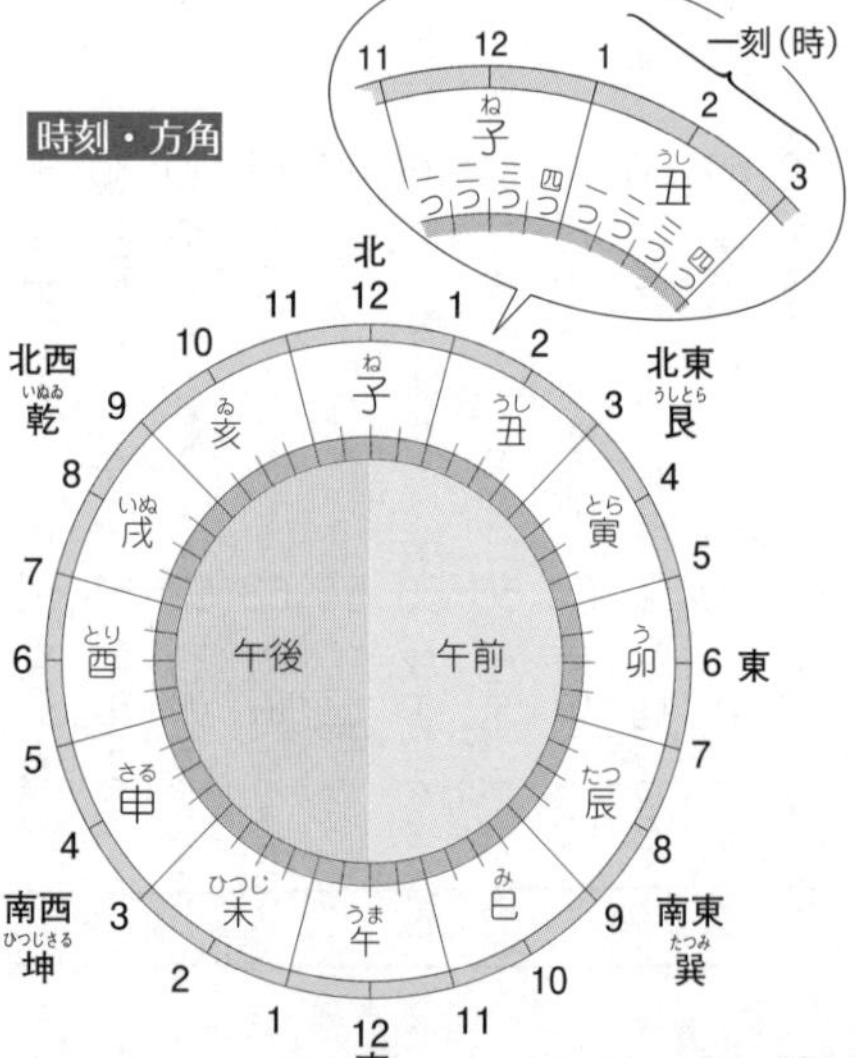

月の入りの形・月の出の時刻

0日頃	3日頃	7日頃	11日頃	13日頃	15日頃	16日頃	17日頃	18日頃	19日頃	22日頃	23日頃
6:00	8:30	12:30	14:30	16:30	18:00	18:30	19:00	20:00	21:00	22:30	23:00
朔《さく》・新月《しんげつ》	三日月《みかづき》	上弦《じょうげん》の月	十日余《とおかあまり》の月	十三夜《じゅうさんや》の月	望月《もちづき》・満月《まんげつ》	十六夜《いざよい》の月	立待月《たちまちづき》	居待月《いまちづき》	臥待月《ふしまちづき》・寝待月《ねまちづき》	下弦《かげん》の月	二十三夜《にじゅうさんや》の月

東という方角が必要になります。北東は丑《うし》と寅《とら》の間なので「丑寅《うしとら》」といいます。同様に南東は「辰巳《たつみ》」、南西は「未申《ひつじさる》」、北西は「戌亥《いぬゐ》」となります。これらは漢字一字でも示され、それぞれ「丑寅＝**艮**《うしとら》」「辰巳＝**巽**《たつみ》」「未申＝**坤**《ひつじさる》」「戌亥＝**乾**《いぬゐ》」と表記されます。「丑寅」の方角は鬼門《きもん》と呼ばれ、鬼が出入りすると信じられていました。

月の満ち欠けと名称

太陰暦（陰暦・旧暦）は月の満ち欠けで一か月の日数を定めます。月は地球の周りを二十九日半で一周するので、旧暦の一年は三百五十四日になります。陰陽寮《おんみょうりょう》が大の月三十日、小の月二十九日を一年間に適当に振り分けて暦を作りました。現代の太陽暦と年間で十日ほどの差ができるので、数年に一度、閏月《うるうづき》という呼び名で同じ月を二度設けました。閏月のある年を閏年といいます。

十五日の満月は**望月**《もちづき》と呼び、ほぼ日没ごろに東の空に上ります。翌十六日は十六夜《いざよい》の月と呼ばれます。十七日は立待月《たちまちづき》。日没後すぐに出てくる月を立って待つという意味です。十八日は居待月《いまちづき》で座って月の出を待ち、十九日は臥待月《ふしまちづき》または寝待月《ねまちづき》と呼ばれ、横になって月の出を待つわけです。

月の出がしだいに遅くなると、夜明け頃まで空に月が残ることになり、十六夜以降の月のことを**有明**《ありあけ》**の月**と呼びます。女性宅から男性が帰る場面で有明の月がよく描かれています。

17

季節

古文常識チェック!

Q1「水無月《みなづき》のつごもり」とはいつごろ?

① 六月の上旬ごろ
② 六月の下旬ごろ
③ 七月の上旬ごろ
④ 七月の下旬ごろ

Q2 秋に関係がないのは?

① 野分《のわき》　② 霧
③ 七夕《たなばた》　④ 帰る雁《かり》

これだけは覚えよう

1 季節は一年を四等分。
2 如月《きさらぎ》・水無月《みなづき》などの、月の古名は必ず覚える。

Q1 正解 ②

水無月は六月のこと。当時の季節では夏の終わりにあたります。つごもりは、一般に「月が籠もって隠れてしまう時期」という意味を表すと考えられていて、月の最終日や下旬をいう言葉です。「晦日」という漢字をあてることが多いです。反対語は「朔日《ついたち》」で月の最初の日や月の上旬を示します。

Q2 正解 ④

①は秋から冬にかけて吹く暴風のことです。台風に伴う暴風であることも多く、台風の意味で用いられることもあります。②は現代では季節に関係なく使われますが、平安時代では秋にしか使われません。春の霞《かすみ》とセットで覚えておきましょう。③の七夕《たなばた》は言うまでもなく七月なので秋。④は渡り鳥の雁の習性からできた言葉で、「来る雁」、あるいは「雁」だけだと秋の言葉なのですが、「帰る雁」は春に北へ帰って行く雁をいう言葉です。

解説

月の運行によって暦が定められる太陰暦（陰暦）では、現代の太陽暦と同じ月日でも、かなりずれが生じてきます。たとえば、古文で「五月雨《さみだれ》」は梅雨の意味ですが、現代の感覚では実感しにくい表現です。そこで、おおまかな季節感の修正方法として、陰暦にだいたい一月〜二月を加えると現代の我々の季節感とほぼ同じになると覚えておくとよいでしょう。陰暦の中秋の名月の日は八月十五日ですが、太陽暦ではほぼ九月から十月にかけてになります。

月の古名

	月	古名	行事	植物・動物	気象
春	一月	睦月（むつき）	朝賀（朝拝）／七種粥（かゆ）（七草粥）／県召の除目（あがためしのぢもく）／粥杖（かゆづゑ）の遊び	春の七種（七草） 梅 桃・桜 うぐひすの初音	霞（かすみ） 東風（こち）
	二月	如月（きさらぎ）			
	三月	弥生（やよひ）	曲水の宴（きよくすいのえん）		
夏	四月	卯月（うづき）	賀茂祭（かものまつり）	藤 卯（う）の花 あやめ 橘（たちばな） ほととぎす	
	五月	皐月（さつき）	端午の節会（たんごのせちゑ）		
	六月	水無月（みなづき）	夏越の祓（なごしのはらへ）		
秋	七月	文月（ふみづき・ふづき）	七夕（たなばた）	秋の七種（七草） 鹿 雁（かり）	霧 野分（のわき）
	八月	葉月（はづき）	月見の宴 司召（つかさめし）の除目（秋が通例）		
	九月	長月（ながつき）	重陽（ちようやう）の節句		
冬	十月	神無月（かんなづき・かみなづき）		鷹（たか）	小春（こはる）
	十一月	霜月（しもつき）	新嘗祭（しんじやうさい・にひなめまつり）／豊明（とよのあかり）の節会		
	十二月	師走（しはす）	追儺（ついな）		

春

行事・風習

一月

□**朝賀（朝拝）**【てうが《チョウガ》（てうはい《チョウハイ》）】　正月一日に臣下が紫宸殿《ししんでん》にそろって天皇に新年の慶《よろこ》びを奏上する儀式で、その後に清涼殿《せいりょうでん》の東庭で行われる小朝拝《こちょうはい》と続いて行われましたが、平安中期以後は小朝拝だけが行われるようになりました。

□**七種粥（七草粥）**【ななくさがゆ】　七日に摘んだ七種の若菜を粥《かゆ》に入れて食べる風習。若菜の生命力を体に宿し、不老長寿を祈るためといわれています。

□**県召の除目**【あがためしのぢもく《アガタメシノジモク》】　地方官である国司（受領《ずりょう》）を任命する儀式。平安期の国司の任期は四年。在京の官職を任命する（司召《つかさめし》の除目《じもく》）という儀式は秋に行われました。

□**粥杖の遊び**【かゆづゑのあそび《カユヅエノアソビ》】　十五日に小豆などを入れた望粥《もちがゆ》を炊く時に使う薪で作った杖で女性の腰を打つと、打たれた女性が懐妊して男子を産むという俗信に基づいた遊び。『狭衣《さごろも》物語』や『とはずがたり』に記されています。

三月

□**曲水の宴**【きよくすいのえん】　内裏の庭で小川の流れに沿って人々が座り、上流から流される杯が自分の前を通り過ぎるまでに詩歌を詠じて杯の酒を飲むという遊び。次第に私邸でも行われるようになりました。

植物

□**春の七種（七草）**【はるのななくさ（ななくさ）】　七種粥に入れる若菜。せり・なずな・ごぎょう・はこべ（ら）・ほとけのざ・すずな・すずしろ。

春

植物

□梅【うめ】　紅梅と白梅の二種類があります。だいたい一月から咲き始めます。香りのよい花として和歌にも多く詠まれました。

□桃【もも】　花の美しさが古文では話題になります。漢詩の影響で、美しい女性の容貌を桃の花にたとえて「桃顔《とうがん》」といいます。

□桜【さくら】　言わずと知れた春を代表する花ですが、現代に多く見られる「ソメイヨシノ」は江戸時代に作られた品種です。桜には咲く時期の異なる多くの品種があり、陰暦二月の中ごろから三月の終わりごろにかけて咲きます。内裏の紫《し》宸殿《しんでん》の前にある桜を「左近《さこん》の桜」（⇩p.33）と呼びます。

〔梅〕

動物

□うぐひすの初音【うぐひすのはつね《ウグイスノハツネ》】　早春から美しい声でさえずりはじめるので、春を告げる鳥とされます。初音とは、その季節に初めて鳴く声のことで、貴族や女房がうぐいすの初音を聞くのを競う遊びは『枕草子』などにも載っています。

気象

□霞【かすみ】　空や遠くにあるものがぼんやりと見える現象。平安時代からは、春に限って使われるようになりました。秋の霧と現象的には同じでも、言葉は区別しました。古文では霞がかかることを「霞立つ」と表現します。

□東風【こち】　東から吹く風のことですが、春風の意味で使用されることが多い言葉です。

夏

行事・風習

四月

□**賀茂祭**【かものまつり】　賀茂別雷《かもわけいかずち》神社（上賀茂《かみがも》神社）と賀茂御祖《かもみおや》神社（下鴨《しもがも》神社）の祭礼。盛大に行われたので、「祭」といえばこの賀茂祭をいうようになりました。当日は内裏から勅使が下鴨神社へ行き、祭礼を終えた後、上賀茂神社に向かい祭礼を行いますが、その行列の華麗な様子を見るために人々が参集し、祭見物が都人たちの娯楽になりました。行列の際に冠や牛車《ぎっしゃ》などを葵《あおい》で飾ったので葵祭《あおいまつり》とも呼ばれ、現代まで受け継がれています。

五月

□**端午の節会**【たんごのせちゑ《タンゴノセチエ》】　邪気をはらうために内裏で五月五日に行われ、参列する者たちは邪気よけのために冠に菖蒲《しょうぶ》をかざします。それが庶民にも広まり、家々も菖蒲を軒にかざす風習があったことが『枕草子』に書かれています。

六月

□**夏越の祓**【なごしのはらへ《ナゴシノハラエ》】　大祓《おおはらえ》、水無月祓《みなづきばらえ》ともいいます。晦日《つごもり》（＝月の最終日）に行われ、神社では参詣人が茅《ちがや》で作られた大きな輪をくぐり身を清めます。

植物

□**藤**【ふぢ《フジ》】　晩春から初夏にかけて咲きますが、四月の花として扱われます。藤原氏を象徴する花として和歌に詠み込まれることがあります。

□**卯の花**【うのはな】　初夏に白い花を咲かせます。夏を代表する花として有名です。卯月《うづき》の語源になったという説もあります。

□**あやめ**　菖蒲《しょうぶ》の和名。端午の節句に使われる以外に、根の長さを比べて競う「根合《ねあわせ》」が行われました。和歌では「文目《あやめ》（＝道理、筋）」との掛詞としてよく使われます。

〔藤〕

植物	動物
□橘【たちばな】 白い花を咲かせ、実《み》は食用になりました。「五月《さつき》待つ花橘の香《か》をかげば昔の人の袖の香ぞする」（『古今和歌集』）が多くの人の共感を得た結果、橘の香りは昔を思い出すものとして文章中によく登場します。内裏の紫宸殿《ししんでん》の前にあるものを「右近《うこん》の橘」（⇩p.33）と呼びます。	□ほととぎす 時鳥、不如帰などと表記されます。夏を知らせる鳥として親しまれました。巣を作らず、うぐいすなどの巣に卵を産み、ひなを育ててもらう習性があります。夜行性で夜に鳴くので、次第に不吉な鳥、死をイメージする鳥と捉えられるようになっていきました。

秋			
行事・風習			
七月	八月	九月	秋
□七夕【たなばた】 七日に彦星《ひこぼし》が年に一度天の川を渡り、織姫に会うという七夕伝説に基づいた表現が、和歌にも文章にも多く見られます。かささぎという鳥が羽を広げて天の川を渡る橋を作ったという伝説をふまえて、内裏の御殿の殿舎の階段を「かささぎの橋」と呼ぶこともあります。	□月見の宴【つきみのえん】 十五日の中秋《ちゅうしゅう》の名月に、内裏や各家で催されます。内裏では例年、管弦の遊びをしたことが諸作品に見えます。『竹取物語』ではかぐや姫が月の都に帰る日となっています。	□重陽の節句【ちようやうのせつく《チョウヨウノセック》】 「菊花の節句」ともいいます。九日に紫宸殿《ししんでん》に諸臣が集まり、菊見の宴が催されます。	□司召の除目【つかさめしのぢもく《ツカサメシノジモク》】 在京の官職を任命する儀式。（秋が通例）

秋		
気象	動物	植物
□霧【きり】 空や遠くにあるものがぼんやりと見える現象で、平安時代以降は、秋に限って使われるようになりました。霧がかかる状態を「霧立つ」と表現します。また「霧《き》る」（ラ行四段活用）という動詞もあります。 □野分【のわき】 秋から冬にかけて吹く暴風で、季節柄台風による風をいうことが多いようです。	□鹿【しか】 秋に鳴く雄の声がもの悲しく響くので、和歌の世界では秋の季節感とあいまって多く詠まれました。雌を求める声なので「妻問いの声」と表現されることもあります。 □雁【かり】 秋に北から飛来する渡り鳥。秋を象徴する鳥として和歌によく詠まれています。「雁が音《ね》」は本来雁の鳴き声をいう語ですが、雁自体を呼ぶ言葉にもなりました。雁は手紙を運ぶ鳥と考えられ「雁信《がんしん》」「雁書《がんしょ》」などの言葉も使われます。	□秋の七種（七草）【あきのななくさ（ななくさ）】 秋を代表する七つの草花で、和歌によく詠み込まれます。萩《はぎ》・尾花《おばな》・葛・撫子《なでしこ》・女郎花《おみなえし》・藤袴《ふじばかま》・桔梗《ききょう》。

冬

行事・風習		動物	気象
十一月	十二月		
□**新嘗祭**【しんじやうさい《シンジョウサイ》／にひなめまつり《ニイナメマツリ》】天皇がその年に収穫された穀物を神に捧げ、天皇自身も食する儀式です。天皇が即位した最初の年だけ「大嘗祭《だいじょうさい》」と呼びます。 □**豊明の節会**【とよのあかりのせちゑ《トヨノアカリノセチエ》】新嘗祭の翌日に行われた酒宴です。新穀を臣下も賜りました。選ばれた少女たちによる「五節《ごせち》の舞」という舞が披露され、文学作品にも記事が見えます。	□**追儺**【ついな】大みそかの夜に宮中で行われた、悪鬼を追いはらう儀式です。一年の邪気をはらうとされました。次第に民間にも広がり、いつしか節分の鬼を追い出すという儀礼に姿を変えていきました。	□**鷹**【たか】鷹は、様々な作品に描かれています。鷹狩（＝鷹を使ってうさぎなどを狩ること）は冬に盛んに行われ、鷹は冬の季語になっています。鷹狩を題材にした和歌も詠まれています。	□**小春**【こはる】初冬の十月に春のように暖かくなる気候をいいます。転じて、十月を小春と呼ぶこともありました。「小春日和《こはるびより》」という語もあります。

〔五節の舞〕

18 遊びなど

古文常識チェック!

Q1 八月十五日の夜、内裏で行われる遊びは?

① 管弦《かんげん》

② 蹴鞠《けまり》

③ 肝試《きもだめ》し

④ 囲碁

Q2 間違っている説明は?

① 貝合《かいあわせ》は、所有する貝のすばらしさを競う

② 鶏合《とりあわせ》は、飼っている鶏の見事さを競う

③ 根合《ねあわせ》は、取ってきた菖蒲《しょうぶ》の根の長短を競う

④ 絵合《えあわせ》は、持ってきた絵のすばらしさを競う

これだけは覚えよう

1 遊びとは管弦の遊びや詩歌を作って楽しむこと。

Q1 正解 ①

八月十五日は中秋の名月をめでるお月見の日です。この日に、内裏では管弦の遊びが催されたという話が多くの作品に描かれています。その日に限らず、明るい月のもとで管弦の遊びに興じる姿は、古文の物語などによく描かれます。

Q2 正解 ②

鶏合という遊びは存在しますが、それは鶏同士を戦わせて勝負を決めるというものです。内裏でも三月三日上巳《じょうし》の節句に行われました。『平家物語』には、熊野水軍が、白い鶏七羽と赤い鶏七羽を闘わせて源平どちらにつくかを決めようとしたところ、すべて白が勝ったので旗の色が白の源氏につくことにした記事が見えます。

☑古文常識キーワード

音楽

文学作品によく登場するものを挙げます。

＊管楽器

□**横笛**【わうてき《オウテキ》】「竜笛《りゅうてき》」ともいいます。竹製で七孔、広い音域があり様々な楽曲に使用されました。堀河《ほりかわ》天皇が横笛を好んだことが多くの説話に記されています。

□**笙**【しやう《ショウ》】五音ないし六音を同時に奏することのできる笛。『枕草子』には「いなかへじ」という笙の名器の名が見えます。

□**篳篥**【ひちりき】表に七孔、裏に二孔ある長さ十八センチぐらいの縦笛で、主旋律を担当しました。

＊弦楽器

□**琴**【きん】七弦の琴《こと》で、中国起源のものです。男性も弾きました。

□**箏**【さう《ソウ》】十三弦の琴で、中国で発達し奈良時代に日本に渡ってきました。琴柱《ことじ》と呼ばれるものを使って音階を調節します。現代の琴はこの箏の琴のことをいいます。

□**和琴**【わごん】「やまとごと」ともいいます。六弦の琴で、日本固有のものです。『源氏物語』や『枕草子』に「宇陀《うだ》の法師《ほうし》」という銘を持つ名器が見えます。

□**琵琶**【びは《ビワ》】ギターのような形状の四弦または五弦の楽器で、男女ともに弾きました。胴の部分はかなり大きく、立て膝で弾かれることが多かったようです。「玄上《げんじょう》（玄象）」「青山《せいざん》」という名の名器が文学作品中に出てきます。『平家物語』は盲目の琵琶法師が琵琶の伴奏に合わせて語った「語り物」と呼ばれる文芸です。

横笛《おうてき》

琵琶《びわ》
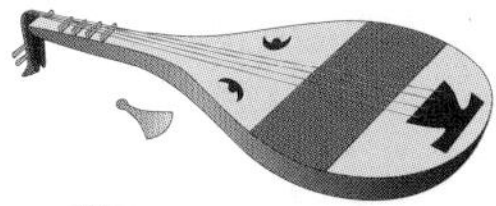

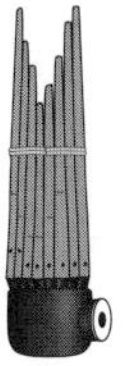
笙《しょう》

篳篥《ひちりき》

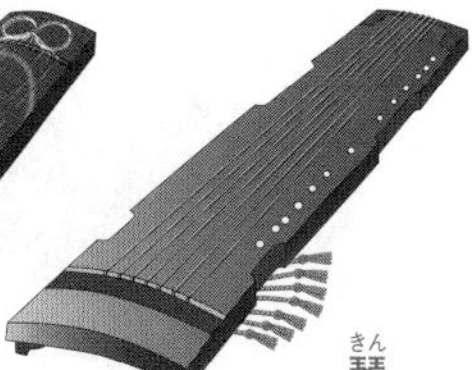
琴《きん》

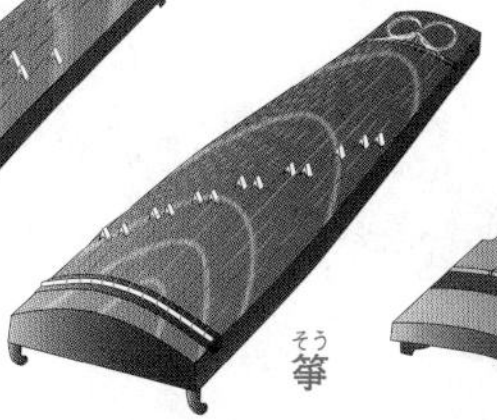
箏《そう》

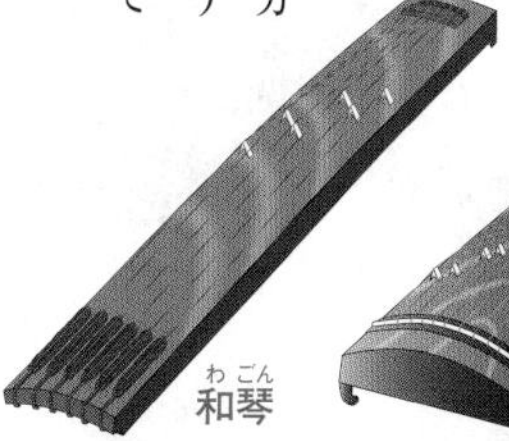
和琴《わごん》

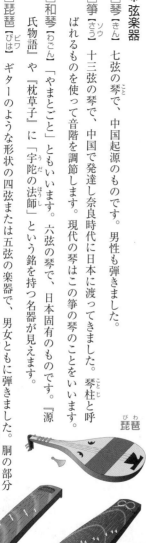

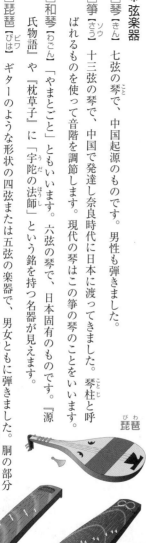

遊戯

□**囲碁**【ゐご《イゴ》】 盤をはさんで黒と白の石を使って二人で行う遊戯。文学作品によく登場し、男女問わず興じたようです。『源氏物語』宇治《うじ》十帖《じゅうじょう》の中の手習《てならい》巻では、浮舟《うきふね》の君が囲碁の名手として描かれています。

□**双六**【すごろく】 囲碁と並んで、室内遊戯として多く作品内に出てきます。現代のものとは違い、二人で盤をはさみ黒白各十五個の駒と二個の賽《さい》を使って遊ぶものです。

□**雛遊び**【ひひなあそび《ヒイナアソビ》】 小さな人形を使って、着物を着せたり調度を作ったりして遊ぶことをいいます。主として女児の遊びだったようですが、男児も行っていた例が見られます。『源氏物語』では、幼い紫の上が光源氏の人形を作って遊ぶ様子が描かれています。

□**蹴鞠**【けまり】 数人でひと組みになり、革製の鞠《まり》を蹴り上げて地面に落とさないようにする遊び。貴族たちが好んで行い、院政期には盛んに行われた記録が残っています。『源氏物語』で、蹴鞠を見ようとする光源氏の正妻女三の宮を、柏木《かしわぎ》が垣間見《かいまみ》する場面が有名です。

外出

□**行幸**【みゆき／ぎやうかう《ギョウコウ》】 天皇が内裏を出て外出することです。行幸にはお供する貴族たちが華やかな衣装で参列する場合があり、見物人も多く集まりました。目的地が複数ある時は「巡幸《じゅんこう》」と呼びます。現在でも使われる言葉です。

□**御幸**【みゆき／ごかう《ゴコウ》】 上皇・法皇・女院の外出をいい、「行幸」と区別するために「ごこう」と発音されることが多かったようです。

□**行啓**【ぎやうけい《ギョウケイ》】 皇太后・皇后・中宮・皇太子などの外出をいいます。

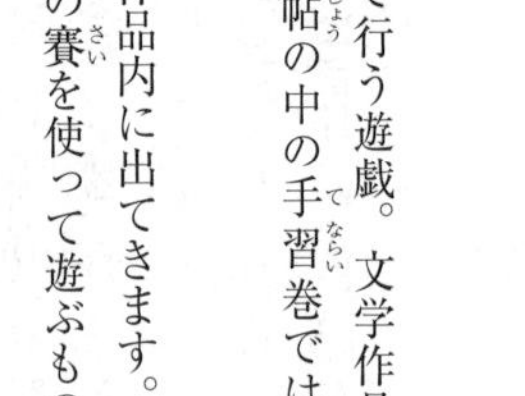

囲碁《いご》

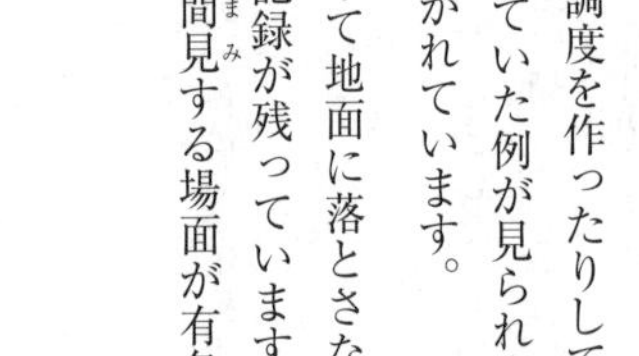

双六《すごろく》

□物見【ものみ】　平安時代の人々にとって、行幸《みゆき》《ぎょうこう》や祭、その他の年中行事を見物することはこのうえない娯楽だったようです。特に、外出の機会のない貴族の女性にとっては、賀茂祭《かものまつり》の行列や賀茂の競《くら》べ馬《うま》を見物することは、大きな楽しみでした。

□鷹狩【たかがり】　平安時代には高貴な人々も鷹を飼いならし、鷹狩に興じました。鷹狩は、鷹が小鳥や小動物を捕まえる習性を利用し、訓練調教した鷹を放って、人がその獲物を捕らえさせる狩猟です。

物合《ものあわせ》

□歌合【うたあはせ《ウタアワセ》】　歌人を左右二組に分け、詠んだ歌を各一首ずつ組み合わせて、判者《はんじゃ》が優劣を判定し、勝ち数を競う遊戯。優劣が判断できない時は、「持《じ》」と呼ばれる引き分けもありました。内裏や貴族の屋敷で行われ、時代が下るにつれて遊びというよりは、優れた歌を詠み合うという競技の要素が強くなったようです。その結果、歌合は和歌の隆盛に大きく寄与したと考えられています。

□絵合【ゑあはせ《エアワセ》】　歌合と同様に、それぞれが持ち寄った絵の優劣を競う遊戯。多くは和歌が付けられていて、その和歌の出来も含めて勝負の対象としたようです。

□貝合【かひあはせ《カイアワセ》】　絵合と同様に、それぞれが珍しい貝がらを出して、その優劣を競う遊戯。時代が下ると、ハマグリの左右二枚の貝がらを合わせる遊戯になり、その際に貝がらの内部に描いた絵や、和歌の上の句と下の句を合わせるという趣向になりました。

□根合【ねあはせ《ネアワセ》】　端午の節句に菖蒲《しょうぶ》を持ち寄り、その根の長さを競う遊戯。

貝合《かいあわせ》

19 衣装・乗物

古文常識チェック！

Q1 「指貫《さしぬき》」とは何の一種か？

① 直衣《のうし》
② 裳《も》
③ 袴《はかま》
④ 沓《くつ》

Q2 乗物の説明として正しいのは？

① 牛車《ぎっしゃ》は後ろから乗り、前から降りる
② 身分の高い人々は馬には乗らない
③ 輿《こし》に乗るのは天皇家の人々だけ
④ 牛飼《うしかい》は牛車に乗り、手綱《たづな》で牛を操作する

これだけは覚えよう

1 男性の正装は束帯《そくたい》姿。
2 女性の正装は裳《も》・唐衣《からぎぬ》姿。
3 貴人の移動は牛車《ぎっしゃ》が中心。

Q1 正解 ③

指貫は袴の一種。貴族たちが参内《さんだい》する時に着用する「朝服《ちょうふく》」の略装の際や、平服である直衣《のうし》姿の際に身に着けるものです。着用の機会が多いため、文学作品の中によく登場します。殿上人《てんじょうびと》が、私的に遠出する時には、狩衣《かりぎぬ》に指貫という姿が多かったようです。

Q2 正解 ①

牛車には前後に出入り口があり、後ろ乗り前降りです。細かいことですが、文学作品では牛車の乗降のため車を寄せるという場面がよく出てきますので、イメージとして理解しておくことも大事です。他の選択肢がすべて間違いというのも大切です。②馬は貴人も乗る様子が描かれますし、険しい山道などでは牛車が使えないので、女性も乗ったようです。③輿は貴人も女性も僧も乗ります。④牛飼は車には乗らず、牛の横を歩きます。

解説

昔の人々にも明確なドレスコードが存在しました。身分制社会であるだけに当時の方が現代より厳しい衣装のきまりがあったのです。

当時の人々が使う乗物にも、同じようなきまりが認められます。貴人が最もよく利用した牛車では、身分に合わせて車の種類から従者の人数まで定まっていました。

衣装にしても乗物にしても、そうしたきまりのある社会が、古文の世界の背景にあることをぜひ知っておいてください。

☑古文常識キーワード

男性装束

＊朝服《ちょうふく》　朝廷に出仕する時の正装。即位式や大嘗祭《だいじょうさい》には、「朝服」よりもさらにフォーマルな「礼服《らいふく》」を着用しました。

□束帯【そくたい】　朝服の正装です。上は単《ひとえ》→衵《あこめ》→下襲《したがさね》→半臂《はんぴ》→袍《ほう》(表衣《うえのきぬ》)の順に身に着け、下は大口袴《おおぐちばかま》→表袴《うえのはかま》の順にはきます。袍の腰に石帯《せきたい》を締め冠《かんむり》をかぶり沓《くつ》をはき、笏《しゃく》を持ちます。位階によって「袍」の色が定まっていて、平安時代の中頃には四位《しい》以上の者はすべて黒の袍を着用しました。

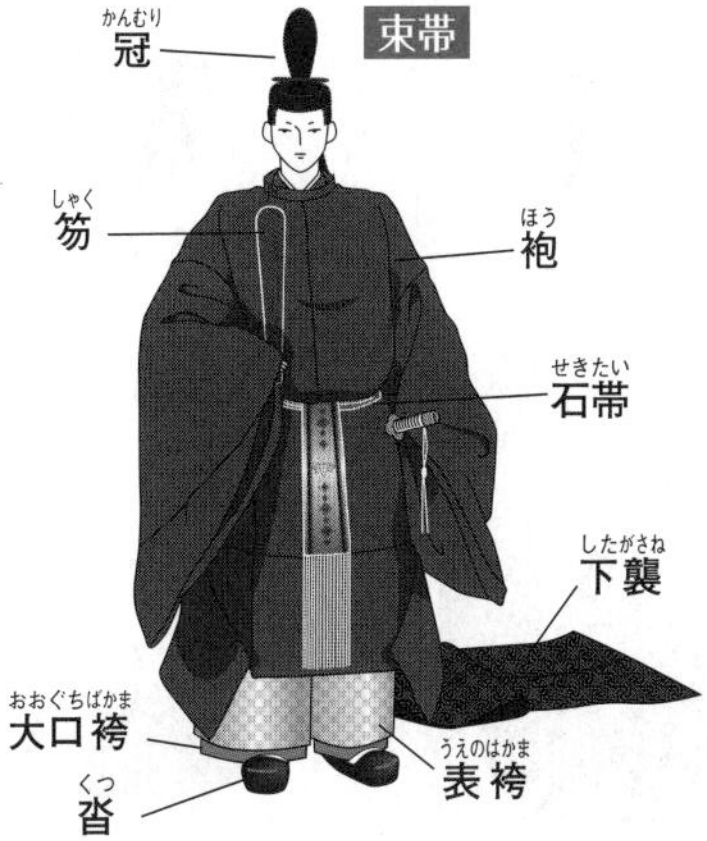

束帯に次ぐ礼装として「布袴《ほうこ》」があり、表袴、大口袴の代わり

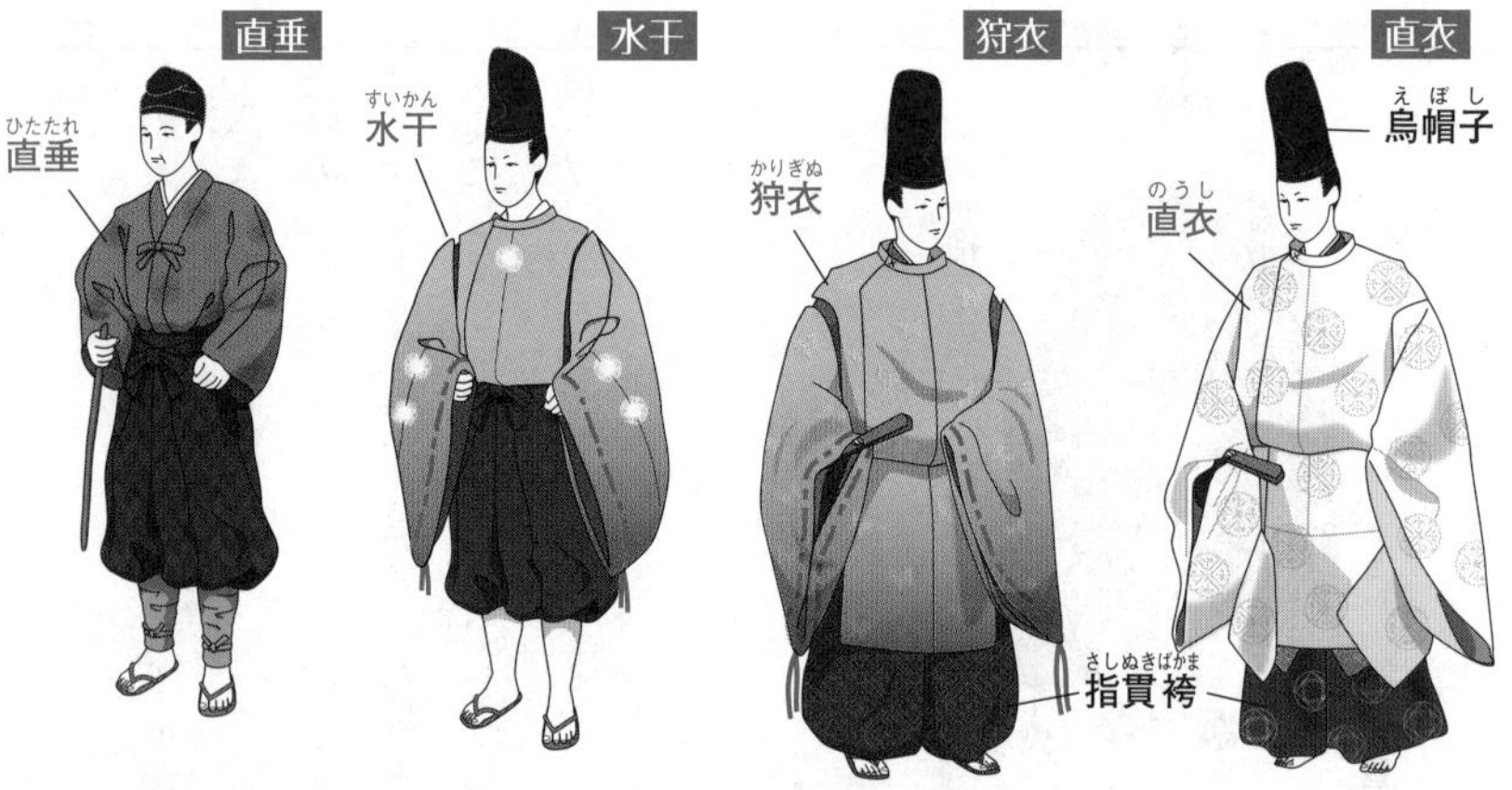

に指貫袴《さしぬきばかま》（指貫）と下袴《したばかま》を着用しました。さらにその略装として「衣冠《いかん》」と呼ばれる服装があります。衣冠は布袴《ほうこ》の姿からさらに下襲《したがさね》と石帯《せきたい》を省きました。衣冠は宿直《とのい》装束とも呼ばれます。

＊平常時の服装

□直衣【なほし《ノウシ》】 日常生活で着用した袍《ほう》のことで、位階による色の定めはなく、年齢や季節により好みの色を着用しました。下に着用する物も「衣冠」と同じですが、家の中などでは冠ではなく烏帽子《えぼし》を着用しました。なお、天皇の許可があれば、直衣で参内《さんだい》することも認められました。

□狩衣【かりぎぬ】 本来は字義通り狩《かり》に出かける時の服装でしたが、次第に高貴な人物が身をやつして出かける時の服装として用いられたようです。特に、遠くまでお忍びでお出かけする際には狩衣を着用しました。下には単《ひとえ》と衵《あこめ》を着て、殿上人《てんじょうびと》以上の袴《はかま》は指貫袴で、地下人《じげにん》以下は狩袴《かりばかま》を着用しました。

□水干【すいかん】 狩衣の一種ですが、無位の官人や武士が着用しました。

□直垂【ひたたれ】 庶民の平服です。

女性装束

＊女房装束《にょうぼうしょうぞく》

□裳《も》・唐衣《からぎぬ》【も・からぎぬ】 女房装束の正装は、上は単《ひとえ》↓袿《うちき》↓打衣《うちぎぬ》↓表着《うわぎ》↓裳《も》

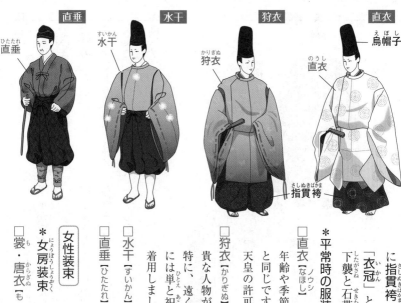

女房装束（略装）

女房装束（正装）

↓唐衣《からぎぬ》の順に身に着け、下は打袴《うちばかま》をはき、檜扇《ひおうぎ》を携えます。全部で14～16kgもの重さになります。

日常のうちとけた場では、唐衣・裳の代わりに小袿《こうちき》を着る略式の女房装束もありました。

＊その他の女性装束

□壺装束【つぼしやうぞく】《ツボショウゾク》　女性が出歩くときや、旅、物詣《ものもうで》に出かけるときの装束です。市女笠《いちめがさ》をかぶることが多く、わらじや草履《ぞうり》をはきました。

童女は、汗衫《かざみ》と呼ばれる上着が正装でした。その下には、袿にあたる衵《あこめ》を着用しました。

壺装束

童女の装束

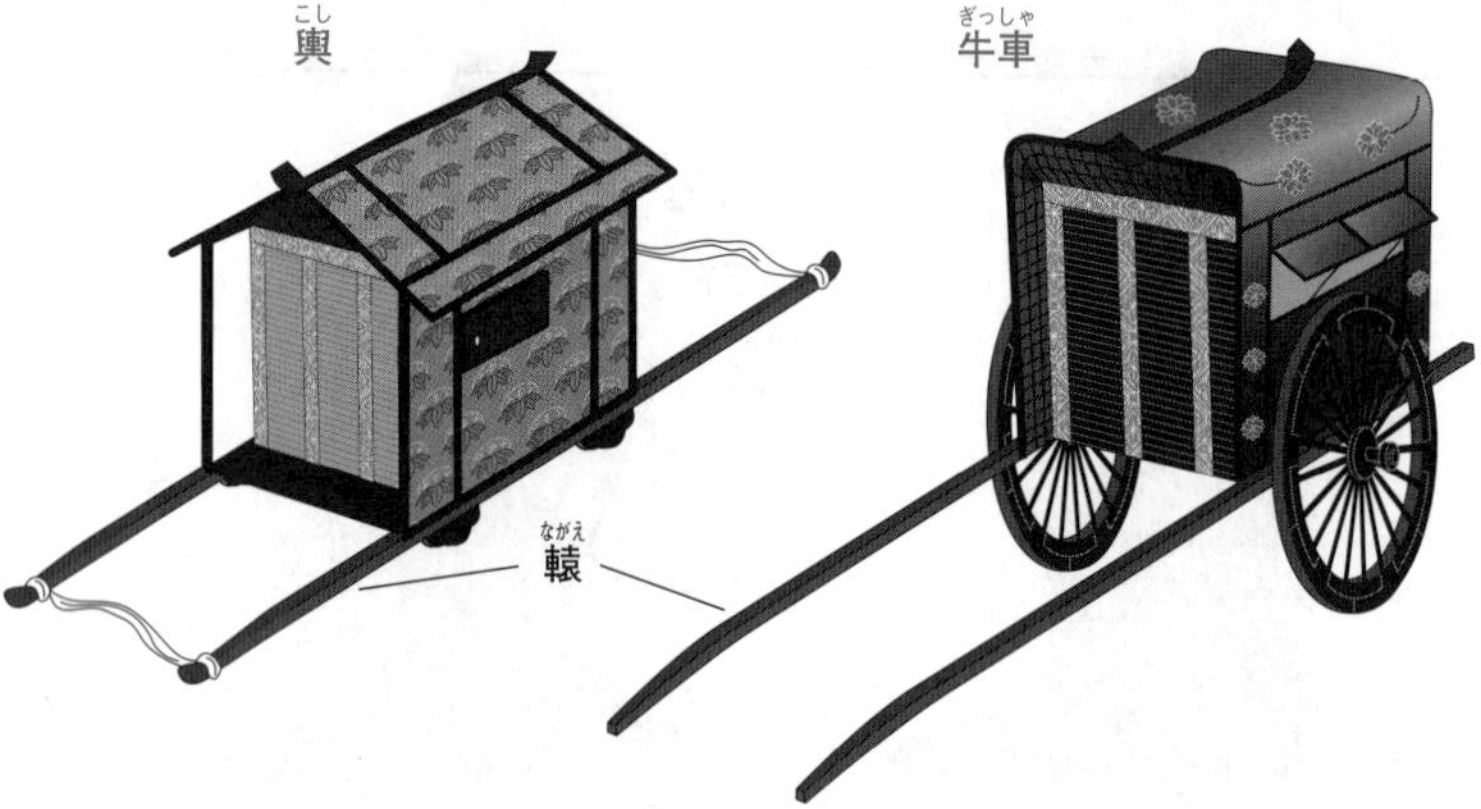

乗物

□牛車【ぎつしや《ギッシャ》】 高貴な人々をはじめとして、女性や僧など様々な人が使用した当時の最も一般的な交通手段です。人が乗る部分を二輪で支え、前方に伸びた二本の轅《ながえ》と呼ばれる長い棒に牛をつなぎます。身分や用途によって様々な種類の牛車がありますが、個々を覚える必要はありません。なお、牛を車につなぐことを「牛を掛《か》く」、逆に牛を車から離して車を停めることを「牛をおろす」と、どちらも慣用的ないい方で表現しますから覚えておきましょう。

□車寄せ【くるまよせ】 貴人の屋敷で、建物からそのまま牛車に乗るために設けられた部分です。

□車副【くるまぞひ《クルマゾイ》】 貴人の外出の際に、牛車の両側に付き従う従者をいいます。身分や目的によって人数は異なったようです。

□牛飼【うしかひ《ウシカイ》】 牛飼童《うしかいわらわ》ともいいます。牛車の進行に従って牛の面倒を見ます。少年だけでなく年配の者もいましたが、童と呼ばれました。

□出車【いだしぐるま】 車の簾《すだれ》から女房《にょうぼう》達の着る衣の一部を外に出している車を言います。儀式などの時に、車列に華やかな彩りを添えます。なお、女房達が儀式などのため、寝殿で御簾《みす》や几帳《きちょう》の下から着物の一部を外に出すことを「打出《うちいで》」「打出の衣《きぬ》」といい、これも装飾のためで、実際には人はおらず装束だけ出すこともあったようです。

□輿・手輿【こし・たごし】　人を乗せる台に二本の轅《ながえ》を取り付け、台の四方に柱を立て屋形を取り付けたものです。駕《か》輿丁《よちょう》・輿舁《こしかき》と呼ばれる数人の人々が輿の前後から肩または腰のあたりで担ぎました。手輿は屋根がついていない、前後の二人で運ぶ輿です。

□馬【うま】　日常では急用やお忍びの外出に使用されました。公的な行事の行列の際は馬に乗った者が供奉《ぐぶ》することもありました。平安時代の後期に武士が台頭してくると、戦乱の際の乗用としても使用されました。貴族の邸内には、「厩《うまや》」があり、馬と牛車用の牛を飼っていました。

□舟【ふね】　西国《さいごく》に向かう時には、よく舟も利用されました。京から南西に向かうと天王山《てんのうざん》のふもとに淀川《よどがわ》に面して山《やま》崎《ざき》の港があり、ここから淀川を下り難波《なにわ》を経てそのまま瀬戸内海に漕《こ》ぎ出したようです。『土佐日記』には、綱で舟を引っ張りながら淀川を溯《さかのぼ》る様子が描かれています。

20 通過儀礼

古文常識チェック!

Q1 女子の成人儀礼を何という?

① 裳着《もぎ》
② 袴着《はかまぎ》
③ 晴着《はれぎ》
④ 上着《うわぎ》

Q2 男子の成人儀礼「初冠《ういこうぶり》」の段から始まる物語は?

① 落窪《おちくぼ》物語
② うつほ物語
③ 伊勢《いせ》物語
④ 平中《へいちゅう》物語

これだけは覚えよう

1 男子の成人儀礼は元服《げんぷく》(初冠《ういこうぶり》)。
2 女子の成人儀礼は裳着《もぎ》。

Q1 正解 ①

女子の成人儀礼としては、大人社会に入った証《あかし》として、成人女性の正装である裳《も》を身に着けることを行います。実質的に裳着の儀礼は、結婚適齢期になった娘がその家にいることを示しますので、『竹取物語』のかぐや姫のように、裳着の後に求婚者が現れるという形になります。②は現代の七五三にあたる儀礼。③・④は通過儀礼とは関係がありません。

Q2 正解 ③

『伊勢物語』は在原業平《ありわらのなりひら》を思わせる男の一代記という体裁をとる歌物語で、一二五段から成ります。第一段の「初冠」は、男が成人したところから物語がスタートします。この段は、男が元服後に狩《かり》に出向いた地で、美しい姉妹を垣間見《かいまみ》て和歌を贈るという内容で、成人儀礼と結婚が男性の場合でも結びついていることがわかります。

解説

通過儀礼に関しては、現代でも形を変えて続いているものが多くあります。これは、人間の一生が社会と密接な関係を持ち、個人でありながら社会の一員であることが、昔から重く受け止められていたからに違いありません。

古文の世界でよく目にするのが女子の成人儀礼である裳着《もぎ》です。裳着は結婚と結びついていて、女性の結婚をめぐる話が多く物語等に描かれます。現存最古の物語である『竹取物語』で、かぐや姫の結婚に関する話題がほとんどを占めていることは、けっして偶然ではありません。現実世界の姫君たちは、ほとんど出ることのなかった部屋の中で、そうした物語に胸をときめかせていたのでしょう。

☑古文常識キーワード

誕生〜

□**着帯**【ちやくたい《チャクタイ》】　妊婦が腹帯《はらおび》をつける儀式。懐妊して五か月目の吉日を選んで行われました。

□**産養**【うぶやしなひ《ウブヤシナイ》】　生後三日、五日、七日、九日の各夜に産婦の屋敷で行われた祝宴です。親類縁者が集まり、様々な贈り物をして誕生を祝い、産婦の労をねぎらいました。

□**五十日の祝**【いかのいはひ《イカノイワイ》】　子の誕生五十日を祝い、無事に成長することを願って催される祝宴です。同じ意図で百日を祝う「百《もも》日《か》の祝」も行われました。新生児の口に餅を含ませることが、儀式の中心でした。

□**袴着**【はかまぎ】　幼児が三歳から七歳にかけての間に吉日を選んで行われた儀式です。男女を問わず、初めて袴《はかま》を着用して、親類縁者に成長と前途を祝ってもらうことを目的としていました。現代の七五三へとつながります。

成人

□**元服**【げんぶく】「**初冠**《ういこうぶり》」ともいい、男子の成人儀礼です。十一歳から二十歳ぐらいの間に終えますが、平安時代には十二歳から十五、六歳ぐらいに行うことが多かったようです。垂らしていた前髪を上げて髻《もとどり》を結び、冠《かんむり》をかぶります。

□**裳着**【もぎ】 女子の成人儀礼です。十二歳から十四歳ぐらいで行われました。初めて裳《も》を身に着け、腰結《こしゆい》と呼ばれる者に、裳の腰紐《こしひも》を結んでもらうことが儀式の中心です。腰結の役は一族の長にあたる者や父親が担当しました。多く結婚を前提とした儀式なので、結婚相手が決まっている場合もあり、裳着からそう遠くない時期に結婚することが多かったようです。

長寿

□**算賀**【さんが】 長寿の祝いです。乳児死亡率が高く医療も未発達なため、平安時代ごろの平均寿命は短く、そのため四十歳が老年の入り口と考えられ、「**四十**《よそじ》《しじゅう》**の賀**《が》」から始まって十歳ごとに長寿を祝いました。五十歳まで生きる人は人口の10%、六十歳まで生きる人は5%だったという推計もあります。平安時代の人々にとって死は身近で、結婚年齢が早かったのもうなずけます。

入試問題に見る古文常識②　第二章　日常生活

次の文章は、『しら露』という物語の一節である。女君（しら露の君）と恋仲であった男君は、二人が兄妹であるという噂《うわさ》に惑わされて女君のもとを去った。女君が失意から志賀《しが》の地に身を隠した後に、男君は噂が間違いだったことに気づいた。以下の文章は、男君が偶然志賀を訪れた場面である。

奥の方はいと暗ければ、何さまとあやめも分かねど、箏《さう》の琴のいたくゆるべるも、さまよくかき鳴らしたる爪《つま》音、よしなからず。（注1）揺《ゆ》の音深く弾きなしたるを、「あはれ、いとよくかよひたるかな。いかなる所にてか、かやうにさびしきひとり琴を思ひのつまにてものせらるらん」と、人知れず思《おぼ》し出《い》でられて、御涙ももよほされ給《たま》ひぬ。

うちには、かく例ならず人のけはひして、ときどき前駆《さき》の声の聞こえたるを、「都にありし時の心地すや」とうち語らひて、「いかなることぞ、見て参れ」と聞こえ給ふに、（注2）杉子御いらへして立ち出でたるが、いとあやしげに狩衣《かりぎぬ》姿して、にこやかなる男《をのこ》の、黒き馬にうち乗りたるが、ただこの軒の下に立てりければ、つつましくてのぞきもせられず。しばし目をとめて、小簾《こす》の隙《ひま》より見れば、一向見ぬ人ともえおぼえず。いぶかしさに、「肥後の介《すけ》」と呼び出でて、「かれは誰《たれ》やらん。おぼえ給はずや」と言ふ声を、君はやがて聞き知り給ひつつ、いとうれしとも思し分かれず。ただかくながら問ひも入らまほしく思せど、「年ごろうらめしと思し果てたる御心に、逢《あ》ひ給はでは便なからん。案内をだに聞こえ入れん」とて　（以下省略）

（注）　1　揺――糸を揺すって余韻をもたせる琴の奏法。　2　杉子――女君の亡き乳母《めのと》の娘。女君の侍女。

問　傍線部「いとうれしとも思し分かれず」は、「たいそううれしいともお分かりになることができないぐらい喜んだ」という意味だが、だれが、なぜ、「うれしい」と思うのか。その説明として最も適当なものを、次の①～⑤のうちから一つ選べ。また、その人物がそのように考えた根拠を答えよ。

① 男君は、自分に気づいた杉子が肥後の介に尋ねている声を聞き、心にかかっていた女君がここにいると確信したから。

② 女君は、馬に乗った男が上機嫌で杉子と話している声を聞き、待ち望んでいた男君が訪ねて来たことを知ったから。

③ 男君は、都にいたころ親しかった杉子の声を聞き、身をやつして訪れた本当のわけをやっと伝えられると思ったから。

④ 女君は、身分の高そうな男の一行が肥後の介に案内を請うている声を聞き、都からの迎えが来たことに気づいたから。

⑤ 男君は、肥後の介を呼びつける杉子の声を聞き、かつて親しく使っていた肥後の介にここで再会できると考えたから。

（センター追試・改）

根拠	

解答・解説

解答　①

根拠　杉子は女君の乳母子で、乳母子は養君といつでも離れずに仕えているのが当然なので、杉子の声を聞き知っていた男君は女君もここにいると分かった。

解説

設問は、まず「だれが」「うれしい」と思うのかと聞いていますので、「だれが」から考えてみましょう。この場面は、まず男君が琴の音に興味を持ち、外から覗《のぞ》いている場面です。家の外に「例ならず人のけはひ」がして、「ときどき前駆の声」が聞こえるので、家の中にいた女君は乳母子の「杉子」に「見て参れ」と言いつけます。ここでは、「前駆」（⇩p.54）の古文常識も重要で、志賀の地では貴人の来訪を告げる「前駆の声」は珍しいので「都にありし時の心地」がするのです。さて、杉子は「男」を見つけて「見ぬ人ともえおぼえず」なので、「肥後の介」を呼び出して「かれは誰やらん。おぼえ給はずや」と尋ねます。その杉子の声を、「君はやがて聞き知り給ひつつ、いとうれしとも思し分かれず」とつながりますから、「君」は外にいる「男君」だと判断できます。

そこで正解は①・③・⑤に絞られ、「なぜ」の理由を検討して正答を導きます。③の「身をやつして訪れた本当のわけ」は、リード文の「偶然志賀を訪れた」と矛盾するので×。⑤の「肥後の介にここで再会できる」は、それを「うれしい」と考える根拠が本文中にありません。こうして正誤判定をしていくと、①が残りますが「心にかかっていた女君がここにいると確信した」というのは、どこから分かるのでしょうか。

ここに古文常識がかかわってきます。（注2）の杉子の説明から、彼女が女君の乳母子であることが分かります。p.52で説明したように乳母子は貴人の子を育てる乳母の実子で、養君と一緒に育てられます。養君と同性の場合がほとんどで、多くの場合養君に近侍する従者となり、その関係は一生続きます。乳母子と養君はいわば一心同体ですから、杉子がこの場所にいるということは、当然女君もここにいることになるので、男君は「たいそううれしいともお分かりになることができない」、すなわち「うれしい」ということが分からなくなるぐらい喜んだわけです。なお、正答の前提として男君が杉子の声を聞き知っていることになりますが、これも乳母子が養君に近く仕える者だからだと考えることができます。また、琴の音が女君の弾いたものと、とても似通っていたことが伏線にもなっています。

【現代語訳】

奥の方はたいそう暗いので、どのような様子かと物の区別もできないけれども、箏の琴がひどく（弦が）緩んでいるのも、うまくかき鳴らしている爪音は、風情がなくはない。揺の音を深く弾きこなしているのを、「ああ、（あの方の琴の音に）たいそうよく似ているなあ。（あの方は）どのような所で、このように寂しい一人の琴の演奏を、物思いのきっかけになさっているのだろうか」と、ひそかに思い出さずにはいられなくて、御涙も誘われなさらずにはいられなかった。

家の中では、このようにいつもと違って（外で）人の気配がして、時々前駆の声が聞こえているのを、「都にいた時の気持ちがするなあ」と思わず話をして、「どのようなことか。見て参れ」と申し上げなさるので、杉子が（承りの）御返事をして出て行ったところ、たいそうみすぼらしい様子に狩衣の姿をして、温厚そうな男で、黒い馬に乗っている男が、ただこの軒の下に立っていたので、気が引けて覗《のぞ》きもすることができない。しばらく目を止めて、小簾の隙間から見ると、全く見たことがない人とも思われない。不審に思って、「肥後の介」と呼び出して、「あの人はだれであるだろうか。思い浮かびなさらないか」と言う声を、男君はすぐに聞いておわかりになっては、たいそううれしいともお分かりになることができない（＝うれしいなどといったものではない）。ただもうこのまま声をかけて（中に）入りたくお思いになるけれども、「長年恨めしいとすっかりお思いになっている御気持ちで、（私に）お逢いにならないでは具合が悪いだろう。せめて取り次ぎだけでも申し入れよう」と思って（以下省略）

第三章　恋愛・結婚

21 恋愛の始まり

古文常識チェック!

Q1 高貴な女性との恋愛の始まりとなるのは?

① 歌会で互いに歌を詠み合う

② 男性が女性を垣間見《かいまみ》る

③ 管弦の遊びで一緒に演奏する

④ 男性が女性を花見に誘う

Q2 男性が女性の存在に気がつく時の典型的な場面とは?

① 笛の音が聞こえる

② 虫の音がやむ

③ 琴の音が聞こえる

④ 風の音がやむ

これだけは覚えよう

1 恋愛の始まりは男性が女性の存在を知ることから。

2 女性の存在を知る方法は噂《うわさ》と垣間見《かいまみ》。

Q1 正解 ②

高貴な女性は、原則として家の者以外に姿を見せることはありません。ですから、外出することもほとんどなく、屋内でも、人から見えるような場所に座ることさえ禁じられていました。いつも御簾《みす》の中で生活するのが普通でした。ところが、何かのきっかけで御簾が上がったりなどして、男性が女性を見ることがあり、それを垣間見《かいまみ》と呼びます。古文の物語の中で、男女の出会いが描かれるときの常套《じょうとう》手段です。

Q2 正解 ③

男性が女性の存在に気がつく時の典型的な場面設定は、美しい琴の音が聞こえてきて男性が心惹《ひ》かれるという形です。楽器は男女を問わず演奏しました。琴は女性のイメージが強く、①の笛は男性のイメージが強い楽器です。琴の腕前を磨くことは、当時の女性のたしなみでもありました。

解説

高貴な女性は子どものころから、基本的に屋内の奥まった所で暮らし、人から見られるような端近《はしぢか》(⇩p.59・p.60)にも近寄りませんでした。父母などや近侍する女房以外には顔を見せません。そのため男性が恋の相手を求めようとしても、どこにどんな女性がいるかわからないのです。

恋愛が成立するためには、男性が女性の存在を知る必要があります。現実の生活では、裳着《もぎ》(⇩p.90)の儀式によって、結婚対象となる女性がその家にいることがわかります。親同士が縁談を決めることも多かったようです。

物語のような虚構の世界では、男性は女性の存在を人の噂《うわさ》と垣間見《かいまみ》で知ります。文学作品、特に物語では恋愛の始まりの場面が多く描かれ、古文常識としては欠かせません。

男性が女性の存在を知る方法

(1) 噂　男性は結婚適齢期に達した女性の存在を噂などによって知ります。噂の出所は多く女房達であったようです。裳着の儀式によって成人した女性の存在が披露されて知ることもありました。『竹取物語』では、竹取の翁《おきな》家での三日にわたる大宴会で、かぐや姫の裳着が披露され、大勢の男が「音に聞きめでてまどふ」(噂に聞き、恋い慕って心を乱す)様子が描かれています。

(2) 垣間見　本来は、文字通り垣根の間から男性が女性を見るという意味です。古文の作品では、偶然であっても故意であっても、男性が女性の姿をのぞき見る行為すべてを垣間見と呼びます。

⇐

ここから恋愛が始まります。古文では特に垣間見が重要！

☑ 古文常識キーワード

重要 □垣間見【かいまみ】

文学作品と垣間見

まず実際の文学作品にあらわれる垣間見（⇩p.97）をいくつか挙げてみましょう。

『伊勢物語』　第一段「初冠《ういこうぶり》」で、元服したばかりの男が姉妹を垣間見

『落窪《おちくぼ》物語』　少将（男主人公）が落窪の姫君（女主人公）を垣間見

『源氏物語』　光源氏が少女（後の紫の上）を垣間見

恋愛の始まりとして、**垣間見が類型化していた**ことがわかります。

垣間見の意味

当時の社会には、

「高貴な女性が他人に姿を見せるのは、結婚する相手にだけ」

という考え方がありました。そこから、

「女性は他人に姿を見られてはいけない」

という常識が生まれます。

垣間見は、単に男性が女性をのぞき見ることではありません。**この社会常識と真っ向から対立するという意味**を理解することが重要なのです。

垣《かい》間《ま》見《み》の論理

垣間見が「女性は他人に姿を見られてはいけない」という社会常識に反する行為であることから、次のような考え方が生まれます。

社会常識

女性は結婚する相手にだけ姿を見せる

→

女性は他人に姿を見られてはいけない

⇔

垣間見

見られてはいけない女性を男性が見る

→

男性は女性を手に入れようとする

文学作品の中で垣間見は、この論理に基づいて描かれます。物語などで、垣間見で結ばれた二人の前途に試練が待ち受けていることが多いのは、親同士の決めた結婚ではなく、こうした反社会的な行為から始まる恋愛だからなのです。

垣間見《かいまみ》の類型

古文作品が数多く執筆される中で、垣間見は類型化していきます。

きっかけ	■噂《うわさ》で女性の存在を知る ⇩自邸を離れ、外出先(非日常の世界)で噂を聞きます。 ■琴などの楽器の音がする ⇩美しい音色は、美しい女性を想像させます。 ■庭が荒れている ⇩訪れる人・通ってくる男性がいないことがわかります。
方法	■垣根の間からのぞく ・御簾《みす》が風などでめくれあがる ■柱の穴からのぞく
結果	■女性は見られたことを知らない ・しかし最終的に二人は結ばれる

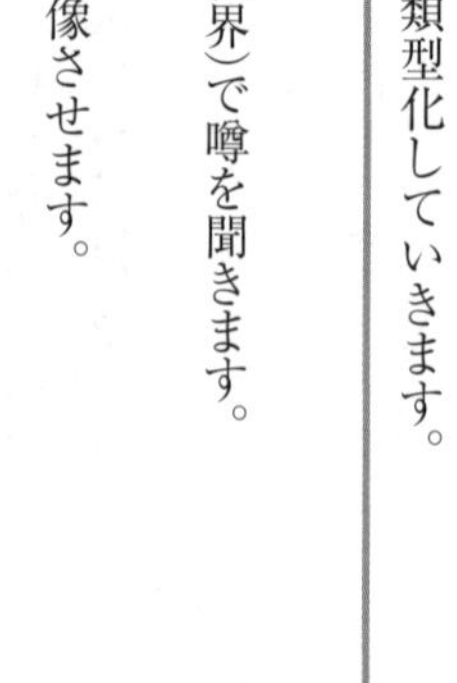
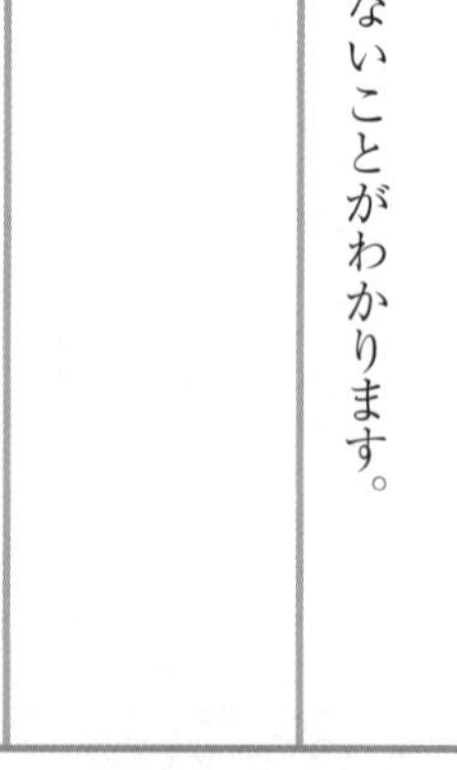
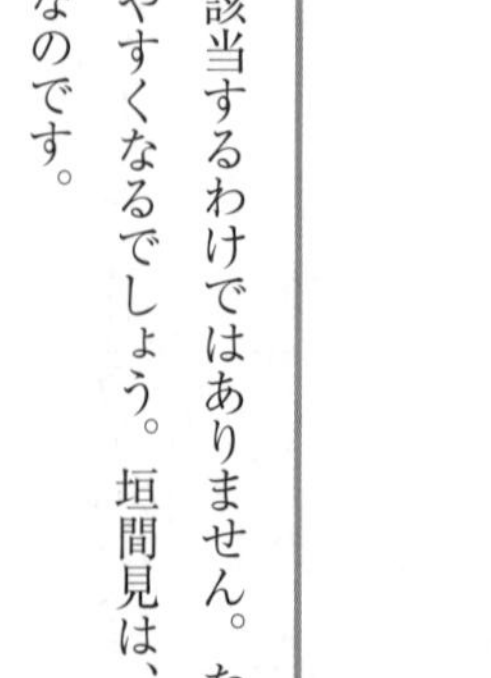

もちろん、これらの類型がすべての垣間見に該当するわけではありません。ただし、古文常識として知っておけば、文章が読みやすくなるでしょう。垣間見は、恋愛を主とする物語などの読解に重要な古文常識なのです。

22 求愛・交際

古文常識チェック！

Q1 懸想文《けそうぶみ》の説明として正しいのは?

① 書いた男性が直接女性宅に届ける
② 男女どちらとも必ず自筆で書く
③ 和歌を贈るのは親しくなってから
④ 結び文が用いられる

Q2 後朝《きぬぎぬ》（男女が共寝した翌朝）の別れを詠んだ和歌として正しいのは?

① 淡路島《あはぢしま》通ふ千鳥の鳴く声に幾夜《いくよ》寝覚めぬ須磨《すま》の関守《せきもり》
② 明けぬれば暮るるものとは知りながらなほ恨めしき朝ぼらけかな
③ 今来《こ》むと言ひしばかりに長月の有《あり》明《あけ》の月を待ち出《い》でつるかな
④ 人知れぬ我が通ひ路《かよひぢ》の関守は宵々《よひよひ》ごとにうちも寝ななむ

Q1 正解 ④

当時の正式な手紙は「立文《たてぶみ》」と呼ばれ、書状を縦長に包み、上下を折り返した形をしています。それに対して懸想文に用いられる手紙は「結び文」と呼ばれ、名のとおり細長く折りたたんで結び、そのまま送られます。季節感のある花や木の枝に結び付けて送られることもありました。結び文は文使《ふみづかい》によって相手に届けられました。女性の手紙は女房などによる代筆も多かったようです。最初に送る懸想文から和歌を添えるならわしでした。①・②・③いずれも不正解です。

Q2 正解 ②

②の解釈は「夜が明けてしまうと（また）日が暮れるものとは知りながらもやはり恨めしい夜明け方であるなあ」です。日が暮れるとまた逢《あ》えるとはわかっているけれども、別れなければならない夜明けはやはり恨めしい、という後朝（⇩p.107）の典型的な情趣を詠んでいます。①は恋の歌ではありません。③は来るといいながら来ない男性を恨む歌。④は通うことを妨げられた男性の歌です。

解説

噂《うわさ》や垣間見《かいまみ》によって、女性の存在を知った男性は、女性のもとに手紙を送って交際を始めようとします。この手紙を懸想文《けそうぶみ》といいます。男性からの手紙が届くと、女性の両親や兄弟・乳母《めのと》などによって、男性が婿《むこ》としてふさわしいかどうか判断されます。家柄・性格・出世の可能性などがつりあっているかどうかが判断の基準です。婿としてふさわしいと判断されると、女性の方から返事をすることになりますが、女性本人が最初から返事を書くことはまずありません。家族や乳母・女房《にょうぼう》が代筆することが多く、何度目かの手紙のやり取りの後にやっと女性本人直筆の返事となります。

こうして手紙を交わすことが、古文の世界では交際するという意味になります。手紙のやり取りを重ねて結婚に至るのが当時の一般的な恋愛でした。

男性は意中の女性へ、和歌を添えた懸想文を送る

女性の対応

(1) 返事を書く

当時の風習として、初めて送られてきた手紙に女性は返信しません。男性は二度三度と送り、返事がもらえれば交際が始まります。女性は返歌を添えた手紙を送りますが、女房などが代筆する場合もあります。

(2) 返事を書かない

何度同じ男性から手紙が送られてきても、恋愛の対象として気に入らなければ返事を書きません。

(3) 受け取らない　読まない

男性は、女性に仕える女房などを介して手紙を取り次いでもらいますが、女性側に恋愛する気がなければ最初から受け取らないこともあります。また、受け取っても開けずにそのまま突き返すこともあります。最も強い拒否ですが、古文の作品ではこのケースもよく描かれます。

男性は関係を結ぼうとする

方法

(1) 文のやり取り

懸想文《けそうぶみ》に返事があって、手紙のやり取りが続き、男性が女性のもとに通い始めます。恋愛の一般的な形です。

(2) 手引きを頼む

懸想文を送っても返事をもらえないような場合や、男性の身分が低くそもそも懸想文を送る立場にさえない場合は、普通は恋愛をあきらめます。けれども男性が、どうしてもその女性に恋い焦がれると思う時は、女性に仕える女房などを自分の味方につけて、女性のいる場所へ入れるように手引きを頼むことがあります。物語にはこういう場面がしばしば描かれます。

(3) その他

例えば、身分違いの恋で男性が女性をさらって連れ去る話や、山里などで周囲の者がしっかりと警戒せず、男性が女性の寝ている部屋へ忍び入る話など、様々な結ばれ方があります。

☑ 古文常識キーワード

□懸想文【けさうぶみ《ケソウブミ》】「婚文《よばいぶみ》」ともいいます。求婚の際に、男性が女性に送る手紙をいいます。恋しい気持ちを相手に伝える手紙と考えればよいでしょう。当時の手紙のやり取りには、季節の景物を添えることが多く、特に文付枝《ふみつけえだ》と呼ばれる花や植物に手紙を巻き付けて送るのが一般的でした。紙の色なども植物などの景物に合わせた色合いの物を選んだり、紙に香を焚《た》きしめたりして送ったようです。なお、手紙を受け取ってもらうためには、あらかじめ女性に仕える女房などとコンタクトを取っておく必要もありました。なお、一般に便箋《びんせん》にあたる紙は薄様《うすよう》と呼ばれる和紙を使用しました。また、手紙は文《ふみ》以外に、「消息《しょうそく》」「玉梓《たまずさ》」「水茎《みずくき》」などとも呼ばれました。

□結び文【むすびぶみ】細くたたんだ紙の上端などを折り曲げて結んだ手紙のことです。懸想文にはこの結び文が用いられました。正式な書状の立文《たてぶみ》は白い紙を使いますが、結び文には、様々な色合いの紙を使用しました。

□文使【ふみづかひ《フミヅカイ》】懸想文を届ける使者のことです。男性の従者が主に務めます。女性が相手なので、女性の使者の場合もあります。

□婚ひ【よばひ《ヨバイ》】ハ行四段動詞「よばふ」の連用形が名詞化したもので、歴史的仮名遣いでは「よばひ」です。男性が女性の名を「呼ぶ」から派生した語で、求婚すること・求愛することの意味で使われます。音が通じるので「夜這《よば》ひ」の字をあてて夜に女性のもとに忍んで行くという意味でも用いられます。

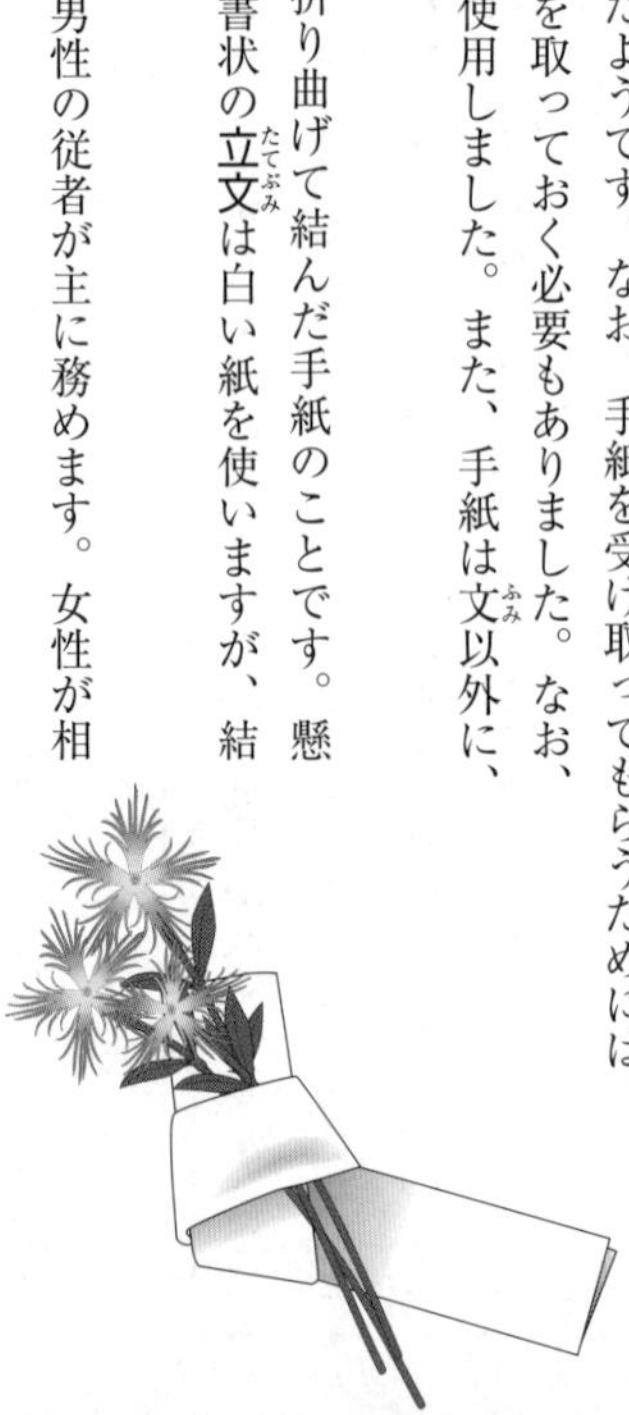

□色好み【いろごのみ】異性との交情を好み、恋愛・情事の情趣をよくわきまえていること、またはその人をいいます。別の意味では、風流心にたけ、風雅にうちこむこと、また、その人をいう場合もあります。男女ともに使われますが、音楽などに秀でた色恋好きな男性という意味で使われることが多かったようです。『竹取物語』でかぐや姫に求婚

する五人の貴公子は作品中で「色好み」と呼ばれますが、恋愛好きな面だけでなく、笛を吹いたり唱歌《しょうが》（楽曲の旋律を口で歌うこと）をしたりする風流な様子も描かれています。

□**すき者【すきもの】**「すき」は恋愛に深く執着することをいう語です。したがって、「すき者」は恋愛に深く執着する人の意味で使われるので、「色好み」と重なるところも多く、言葉の使い方の違いははっきりわかりません。「すき」の持つ「執着する」という意味から、「すき者」は、もっぱら和歌や管弦など風流なことに執着する人を表す語にもなりました。

23 結婚生活・別離

古文常識チェック!

Q1 結婚に関することの説明で正しいのは?

① 妻の実家が結婚した夫婦の面倒を見る
② 婿《むこ》に入った男性は、妻の実家の財産の半分を相続する
③ 子が生まれたときは、男性の実家に引き取られる
④ 契りを交わした翌朝の後朝《きぬぎぬ》の文《ふみ》は、まず女性から男性に送る

Q2 結婚が成立すると新郎新婦が口にするのは?

① 昆布 ② 鯛《たい》 ③ 酒 ④ 餅《もち》

これだけは覚えよう

1 結婚はほとんどが婿取り婚。
2 若夫婦を妻の実家が支援。
3 一夫多妻制。

Q1 正解 ①

結婚した夫婦は、食事や衣服も含めてすべて妻の実家が面倒を見ます。子が生まれたら、その場合も子の養育は妻の実家の義務でした。実家の財産や領地などはすべて妻が相続し、婿の男性には配分はないのが通例です。後朝の文は、自宅に戻った男性から女性に送り、女性が返事をするという決まりでした。

Q2 正解 ④

男性が女性の所を訪れて、最初に結ばれた夜から三日続けて通えば結婚が成立します。三日目には祝いの宴なども催されますが、夫婦の儀式としては「三日夜《みかよ》の餅《もち》」と呼ばれる餅を口にします。餅は女性の実家が準備します。

解説

平安時代の結婚の形態はほとんどが婿取り婚でした。男性が結婚の意志を持って女性のもとに通い、初めて契りを交わした翌朝、自宅に帰ってから女性のもとに**後朝《きぬぎぬ》の文《ふみ》**を送り、三日間続けて通います。三日目の夜に**露顕《ところあらわし》**（所顕）の儀礼があり、男性が女性の両親や兄弟たちと初めて対面し宴《うたげ》を共にすることで、婿と認められ結婚が成立します。その夜は夫婦で「三日夜《みかよ》の餅《もち》」を食べる儀式も行われます。

婿になった男性は、自分の家を出て妻の家で同居することもあれば、自分の家から通うこともありました。いずれにせよ、夫婦の経済的支援を妻の実家が行います。

正妻は「北《きた》の方《かた》」「上《うえ》」などと呼ばれます。家柄が良く、実家に経済力のある女性が最初から正妻になったり、子ができたことをきっかけとして正妻になったりしました。その後、婿が経済力を備えると、独立して居を構え正妻と同居して暮らすことになります。

平安時代の結婚形態はすべて男性が女性のもとへ通うものだと思っていたという話を、時々耳にします。正しい古文常識を身につけましょう。

☑古文常識キーワード

□**新枕**【にひまくら《ニイマクラ》】　新手枕《にいたまくら》ともいいます。男女が初めて契りを交わすことです。

□**後朝**【きぬぎぬ】　衣々《きぬぎぬ》とも書きます。男女が共寝するときに、几帳《きちょう》などに重ねて掛けた衣を、翌朝にお互いが身に着けて別れることをいいます。男性が帰る時の、別れのしみじみとした情趣を表す語ともいえるでしょう。「後朝の別れ」や、男性が送ってくる「後朝の文《ふみ》」など成語化した言葉もあります。

□**露顕（所顕）**【ところあらはし《トコロアラワシ》】　男性が女性のもとに通い、三日目の夜に結婚を披露する儀式です。男性は新婦の家で用意した烏帽子《えぼし》と狩衣《かりぎぬ》をつけ、帳《とばり》の前に出て新婦の両親や兄弟、親しい者たちと膳を共にします。現在の披露宴に当たるもので、男性側の従者ももてなしを受けました。

□三日夜の餅【みかよのもち】 男性が女性のもとへ三日続けて通い、正式に結婚したことを祝って三日目の夜に供される餅、またその儀式をいいます。新婦の家で準備します。

□後見【うしろみ】 本来の意味は、世話をすること、後ろ盾になって力を添えることですが、それを行う人も後見と呼ばれました。実際には、子に対する親の立場をいいますが、兄弟姉妹を含めた家族・親族も後見と呼ばれますし、夫婦関係でも一方が他方の後見ということもあります。また家族関係だけではなく、主人に対する従者や乳母のことをいう場合もあります。『源氏物語』では、光源氏が父の桐壺《きりつぼ》院から冷泉《れいぜい》天皇の後見を頼まれるという記述もあり、天皇とその補佐をする摂政・関白などの関係にも使われる語です。

結婚までの流れ

(1) 男性が女性の所を訪れる ←

懸想文《けそうぶみ》（恋文）のやりとりなどの後、男性が女性のもとを訪れます。最初は御簾《みす》や几帳《きちょう》を隔てて、楽器の演奏や、ことばや和歌のやり取りが行われ、訪問が何度か繰り返されます。

(2) 新枕《にいまくら》を交わす ←

当日男性は前もって懸想文（恋文）を送り、暗くなってから女性宅を訪れ、案内されて寝殿に上がります。脱いだ沓《くつ》は女性の両親が抱いて寝ます。婿の足が家に留《とど》まるようにとの願いからです。

(3) 男性から後朝《きぬぎぬ》の文《ふみ》を送る

初めて契りを交わした翌朝、自宅に戻った男性から和歌を添えた後朝の文を女性宅に送ります。女性も返歌を添えた手紙を返します。

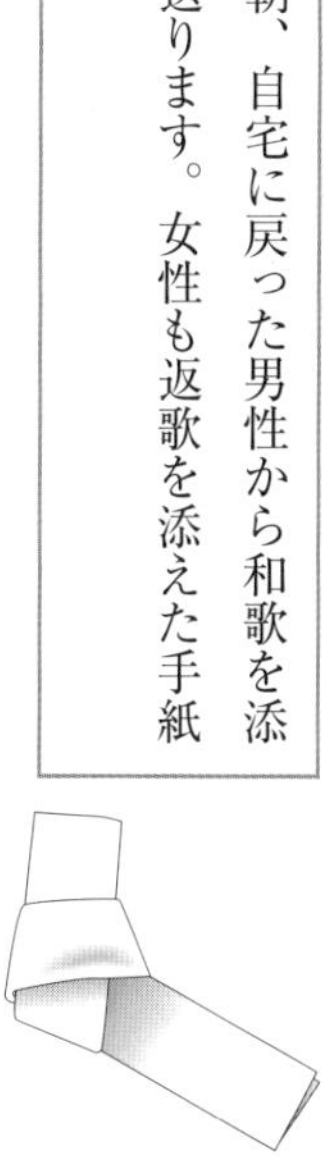

(4) 男性が三日続けて通う

男性が三日続けて通うと正式に結婚したことになります。女性の家族に対面して男性は正式に家族の一員として認められ（露顕《ところあらわし》）、夫婦は契りの「三日夜《みかよ》の餅《もち》」を口にします。

結婚にまつわる古文常識のまとめ

◇通う男性は日没後に来て夜明け前に帰る

原則として男性は、日が暮れてすぐにやって来ます。女性宅に向かう前に、その旨を知らせる手紙を送ることもありました。帰るのは、夜が明ける前の時間帯なので「暁の別れ」という言葉もあります。

◇妻の実家が婿の面倒を見る

娘と共に婿を住まわせ、衣食・雑貨・従者の面倒まで一切の世話を妻の実家が引き受けました。男性の生活の世話は妻の一家の義務と考えられていました。

◇男性は権力者の娘と結婚したがる

若夫婦の生活は、妻の実家が引き受けるので、男性は後見《うしろみ》のしっかりした女性と結婚しようと考えます。

身分が高くても父親が亡くなっていたり、親類縁者にしっかりした後見がいない女性の場合は、望ましい結婚は難しかったようです。

◇生まれた子は妻の実家で育てる

子が生まれると、妻の実家で養育されます。乳母の手配や産養《うぶやしない》も原則、外祖父をはじめとする妻の実家が主導して行います。こうした社会なので、娘のいる家では財産や領地は娘が相続します。

◇「結婚する」の意味で使われる古語

結婚を表す語は、「よばふ」「あふ」「めあはす」「見る」「住む」「物言ふ」「語らふ」「男す」「あはす」「とつぐ」「通ふ」「婿に取る」「女を迎ふ」など様々です。当時の結婚のあり方を知っていれば、理解できる語が多いことがわかると思います。

◇離婚について

離婚のあり方については、解明されていないことが多いのが現状です。古文の作品の中では、男性が通って来なくなると、自然と関係が消滅する場合がよく描かれています。その際の常套《じょうとう》的な表現は、「離《か》る」「絶ゆ」「去る」「やむ」「住まず」です。正妻はともかく、側室たちの立場は不安定で、男性が通って来なくなったら結婚は自然に消滅します。側室の女性たちが嫉妬したり苦しんだりした例は、『蜻蛉《かげろう》日記』をはじめとして枚挙にいとまがありません。また、男性が通って来なくなることを「夜《よ》離《が》れ」といい、様々な和歌を贈るなど、女性が努力しても男性の訪れがなくなることもあります。

結婚としての入内《じゅだい》

最後に結婚という観点から入内について触れておきましょう。入内の社会的な意味は第一章で述べましたが(⇩p.9)、入内も結婚に変わりはないですから、一般的な結婚と同じような側面もありました。

上達部《かんだちめ》が娘を後宮《こうきゅう》に入れるのは、いわば天皇を自家の婿とするということです。内裏で与えられる殿舎や局は、比喩的にいえば自邸の出張所になりますから、万端の準備を整えて天皇を婿として迎える形をとると考えれば良いでしょう。入内する女性の衣装や調度類の準備は、すべて父親や兄弟などの後見人が行います。また后妃《こうひ》となる娘に仕える私的な女房達も揃《そろ》えました。昼に婿としての天皇がお渡りになることもあるわけですから、心のこもった細やかなおもてなしを心がけたのです。すべて娘が天皇の寵愛《ちょうあい》を受けるためです。

念願かなって懐妊ということになれば、后妃はだいたい妊娠三か月くらいで後宮から自邸に下がります。娘が無事に出産すれば、父親は**外戚**《がいせき》(⇩p.3・p.4)となり、外祖父として、生まれた皇子・皇女を自邸で一心に養育します。生まれた皇子が即位して幼帝となった場合などは、外祖父が摂政の座につくのは当然といえるでしょう。

次の文章を読んで、後の問いに答えなさい。

大納言の姫君、ふたりものし給《たま》ひし、まことに物語に書きつけたるありさまに劣るまじく、何事につけても生ひいで給ひしに、故大納言も母上も、うち続きかくれ給ひにしかば、いと心ぼそき古里に、ながめすごし給ひしかど、はかばかしく御乳母《めのと》だつ人もなし。ただつねに候《さぶら》ふ侍従*、弁*などいふ若き人々のみ候へば、年にそへて人目まれにのみなりゆく。古里に、いと心ぼそくておはせしに、右大将の御子の少将、知るよしありて、いとせちに聞こえわたり給ひしかど、Aかやうのすぢは、かけてもおぼしよらぬ事にて、御返事などおぼしかけざりしに、少納言の君*とて、いといたう色めきたる若き人、何のたよりもなく、二所《ふたところ》、御とのごもりたる所へ、みちびき聞こえけり。もとより御心ざしありける事にて、姫君をかきいだきて、御帳《みちやう》のうちへ入り給ひにけり。おぼしあきれたるさま、例の事なれば書かず。

おしはかり給ふにしもすぎて、あはれにおぼさるれば、うちしのびつつかよひ給ふを、父殿聞き給ひて、「B人のほど、くちをしかるべきにはあらねど、何かは、いと心ぼそきところに」など、許しなくのたまへば、思ふほどにもおはせず。

（『堤中納言物語』による）

＊　侍従・弁・少納言の君――いずれも女房の呼び名。

問一　傍線部**A**「かやうのすぢ」とはどのようなことを言っているのか、説明せよ。

問二　傍線部**B**について、「父殿」の考えていることを説明せよ。

（都留文科大・改）

解答・解説

解 答

問一 少将からの求愛の手紙に返事をして交際をはじめるといった恋愛方面のこと。

問二 身分は低くはないとはいえ、両親をはじめ、しっかりした後見人もいない相手の所に、少将が通うのはよくないと考えている。

解 説

問一 まず、傍線部**A**は「このような方面」と現代語訳します。「すぢ」は多様な意味を持つ語ですが、ここでは「道理」や「血筋」などの他の訳はふさわしくないので「方面」と訳出します。次に、「かやう」の内容を考えてみましょう。「かやう」は「このような」と訳し、傍線部以前の内容を指示する語です。傍線部**A**の直前には、「右大将の御子の少将、知るよしありて、いとせちに聞こえわたり給ひしかど」とあって、これが「かやう」の内容に該当します。この少将の行為「聞こえわたり給ひしかど」の理解に、古文常識がかかわるのです。

少将は「知るよしありて」故大納言の姫君（＝姉君。以下同じ）の存在を知ります。「知るよしありて」は、本文には具体的に記されませんが、「知るつてがあって」ぐらいに訳しておきましょう。第三章にくわしく説明してある通り、恋愛は男性が女性の存在を知ることから始まります。ですから、続く「いとせちに聞こえわたり給ひしかど」は、姫君に対する少将の求愛行動であることが、古文常識の力があれば容易に想像できるでしょう。解釈すると「たいそう熱心に（求愛を）申し上げ続けなさったけれども」となります。もちろん、この段階で二人はまだ顔を合わせてはいませんので、この「申し上げ」は手紙で申し上げたわけです。簡単にいえば、少将は姫君に懸想文を送り続けたということなのです。そこで、「このような方面」は「恋愛方面」のことだということがわかります。ところが、周囲に「御乳母だつ人」（＝面倒を見るのにふさわしい大人）のいない姫君は求愛の手紙への対処がわかりません。本文では「かやうのすぢは、かけてもおぼしよらぬ事にて、御返事などおぼしかけざりしに」とあって、解釈すると「このような方面（＝恋愛方面）は全く思い及びなさらないことであって、御返事などは思いもかけなさらなかったけれども」となります。姫君は、そうした恋愛のことを一切知りませんでした。よって解答は、「少将からの求愛の手紙に返事をして交際をはじめるといった恋愛方面のこと」となるわけです。

問二　姫君のところに少将が通い始めたのを聞き知った父の右大将が、息子に意見する場面です。傍線部**B**の直後に、「許しなくのたまへば」（承諾せずおっしゃるので）とありますから、右大将は息子の恋愛に反対していることを頭に置きながら解答を作ります。最初の「人のほど」は、「相手の身分」という意味です。父の右大将は、息子の通う相手が故大納言の姫君だという情報を得ていたのでしょう。直後には「くちをしかるべきにはあらねど」と続きます。「くちをし」は思っていたのとは違って残念な様子を示す語で、人を形容する時には、しばしば相手の身分が卑しい・低いと訳します。大将は、大納言が兼任することの多い職務で、右大将の息子の少将と大納言の娘の姫君にそう大きな身分差はありません。したがって、解釈は「相手の身分は、低いはずの身分ではないけれども」となります。もちろん、この部分の理解にも古文常識が大きくかかわっていて、姫君は大納言、すなわち上達部（⇩p.4）の娘であり、他人と比べてけっして見劣りする身分ではないことが古文常識から了解できます。右大将もその点については、反対する余地がないと思っているのです。

次に「何かは、いと心ぼそきところに」の解釈を考えましょう。「何かは」は「どうして」と訳し、強い疑問、または反語を表します。「いと」は「とても」や「たいそう」と訳す副詞。「心ぼそきところ」は、「頼りなく心細い所」と訳し、ここでは少将の通う姫君の所を右大将はそう表現したわけです。この「頼りなく心細い所」の理解にも、古文常識が強く影響します。姫君は、大納言の娘で身分は申し分ないのですが、両親を失って寂しく暮らしています。本文には、「人目まれにのみなりゆく古里」とありますから、人の往来もなく、心強い親類縁者もいないと想像できます。当時の結婚は妻の実家が若い夫婦を援助する（⇩p.109）ので、しっかりした後見人のいない姫君は、結婚に関してはとても気の毒な状態にあるわけです。右大将は、そうした姫君の不遇な現在の状況が、少将の結婚相手にふさわしくなく、息子の愛情が深くなる前に別れた方がよいことを伝えようとしています。したがって、この部分の解釈は、「何かは」が反語を示すと考え、「心ぼそきところに」の後に「通はむ」

を補って、「どうしてたいそう心細い所に通うのだろうか、いや通わない方がよい」となります。解答は、①姫君の身分が低いというわけではない、②けれども、姫君にしっかりした後見人がいない、③だから少将が通うのはよくない、という三点が押さえてあればよいでしょう。

【現代語訳】

大納言の姫君は、二人いらっしゃった。本当に物語に書き記している（美しい姫の）様子に劣るはずがなく、何事につけても（優れて）成長なさったけれども、故大納言も母上も、ひき続いてお亡くなりになってしまったので、たいそう心細い大納言邸に、物思いに沈んで暮らしなさったけれども、しっかりと乳母のように世話をする人もいない。ただいつも側にお仕え申し上げる侍従、弁などという若い女房たちばかりがお仕え申し上げるので、年が経《た》つにつれて人影がまれにばかりなっていく。

大納言邸に、たいそう心細い様子でいらっしゃった時に、右大将の御子の少将が、（姫君たちを）知るつてがあって、たいそう熱心に（求愛を）申し上げ続けなさったけれども、このような方面は、全く思い及びなさらないことであって、御返事などは思いもかけなさらなかったけれども、少納言の君といって、たいそうひどく色好みな若い女房が、何の前ぶれもなく突然に、姫二人がお休みになっている所へ、（少将を）案内し申し上げた。もともと（姉姫君に）愛情があったことなので、姉姫君を抱きかかえて、御帳の中へお入りになってしまった。（姉姫君が）あっけに取られなさっている様子は、物語によくあることなので書かない。

（姉姫君の美しさは）少将が想像なさる以上で、愛しくお思いにならずにはいられないので、人目を忍びながら通いなさるのを、（少将の）父殿がお聞きになって、

「相手の身分は、低いはずの身分ではないけれども、どうしてたいそう頼りなく心細い所に（通うのだろうか、いや通わない方がよい）」

などと、承諾せずおっしゃるので、（少将は心で）思うほどにも（姉姫君の所に）いらっしゃらない。

第四章　仏道・信仰

24 三《さん》世《ぜ》観《かん》

古文常識チェック！

Q1「三世《さんぜ》」の説明として正しいのは？

① 祖母・母・娘
② 天竺《てんじく》（インド）・唐土《もろこし》（中国）・本朝（日本）
③ 院・帝《みかど》・東宮《とうぐう》
④ 前世《ぜんせ》・現世《げんぜ》・来世《らいせ》

Q2「往生《おうじょう》」の説明として正しいのは？

① 死後に極楽《ごくらく》に生まれ変わること
② 死後にまた人間として生まれること
③ 死後に地獄に落ちること
④ 死後に魂がなくなること

これだけは覚えよう

1 三世とは、前世《ぜんせ》・現世《げんぜ》・来世《らいせ》のこと。
2 往生《おうじょう》とは、死後に極楽に生まれ変わること。

Q1 正解 ④

「世《よ》」は、竹の節《ふし》と節との間にある空間をいう「節《よ》」と同じ語源で、限られた時間や空間をあらわします。現在の生を受ける前の過去の世を前世、いま生を受けている世を現世、死後に生まれる世を来世といいます。来世のことを**後世《ごせ》**ともいいます。

Q2 正解 ①

往生とは極楽往生のことで、死後に極楽浄土に行って生まれ変わることです。極楽は一切の苦しみや悩みのない安楽な世界です。極楽浄土の池には蓮《はす》の花が咲いているとされており、蓮は悟りの世界の象徴です。「同じ蓮《はちす》の上に住む」とは、ともに極楽往生することです。

解説

昔の人は、日々暮らすこの世界（＝現世《げんぜ》）だけでなく、死後自分が生まれ変わって生きる世界（＝来世《らいせ》）や、現世に来る前に生きた世界（＝前世《ぜんせ》）の存在を信じていました。

それだけではなく、「神仏や物《もの》の怪《け》などの存在する世界」もあると考えていました。

　この項では特に重要な三世観《さんぜかん》と極楽往生《ごくらくおうじょう》について詳しく見ていきましょう。

三世観

　昔の人は、「現世の出来事は、前世からの因縁《いんねん》で決まっていて、どうにもならないものである」という運命観を持っていました。前世からの因縁のことを、「**宿世**《すくせ》**・宿縁**《しゅくえん》**・縁**《えにし》」ともいいます。「さるべきにやありけむ（そうなるはずの前世からの因縁であったのだろうか）」という表現がよく登場します。

「宿世」の類義語に「**契**《ちぎ》**り**」があります。「契り」は①前世からの因縁②男女の約束という意をあらわします。

「宿世」が前世から現世までのことをいうのに対して、男女の「契り」は未来に向けても用いられます。

　人が死ぬと、非常に善い行いをしていた者はすぐ極楽へ生まれ変わります。その他の人は、死後七日ごとに転生《てんせい》（＝生まれ変わること）し、四十九日目に行くべき所へ落ち着くと信じられていました。この七×七＝**四十九日**《しじゅうくにち》を**中陰**《ちゅういん》**・中有**《ちゅうう》といい、彷徨《さまよ》っている死者の魂は、遺族が七日ごと（＝初七日《しょなぬか》・二七日《ふたなぬか》・三七日《みなぬか》・四七日《よなぬか》・五七日《いつなぬか》・六七日《むなぬか》・七七日《なななぬか》）に仏事（＝法事）をして、死者の冥福《めいふく》（＝死後の幸福）を祈り、**菩提**《ぼだい》を弔《とむら》う（＝供養をする）と、**極楽往生**するると信じられていました。これらの仏事を「**後**《のち》**のわざ**」といいます。

　死後に生まれ変わることを**輪廻**《りんね》といいます。肉体が死んでも魂は死滅せず、車輪が無限に回転するように、**六道**《ろくどう》と呼ばれる六つの世界で、永久に生死《しょうじ》を繰り返すと考えられていました。だから仏教は、永遠の生が与えられ、苦しみのない極楽への往生を盛んに説いたのです。

来世―極楽と六道―

□**極楽**【ごくらく】十万億土の西方にある、広大無辺で生死や寒暑その他全ての苦悩が無く、満ち足りて美しい世界のことです。西方浄土《さいほうじょうど》ともいいます。古文の作品で、死の間際に西に向かって合掌し念仏を唱えるという場面はこの「西方浄土」を意識しています。数ある浄土の中で、阿弥陀如来《あみだにょらい》がいる極楽浄土を指すのが一般的です。

□六道【ろくだう《ロクドウ》】 衆生《しゅじょう》（＝人間を含む全ての生物）が転々と生死を繰り返す六つの世界で「地獄・餓鬼《がき》（＝飢えと渇きに苦しむ亡者《もうじゃ》の世界）・畜生《ちくしょう》（＝鳥・獣・虫・魚など）」の三悪道《さんあくどう》と、「修羅《しゅら》（＝悪神阿修羅《あしゅら》が住む、怒りや戦いに明け暮れる世界）・人間・天上（＝最上の果報を受けた者が住む世界）」の三善道《さんぜんどう》があります。現世での死後、極楽往生できなかった者は、六道世界で、生を受けては死ぬということをずっと繰り返さねばなりません。

☑古文常識キーワード

□二世の契り【にせのちぎり】 愛し合う男女が現世も来世も結ばれていることをいい、夫婦の固い縁を指します。

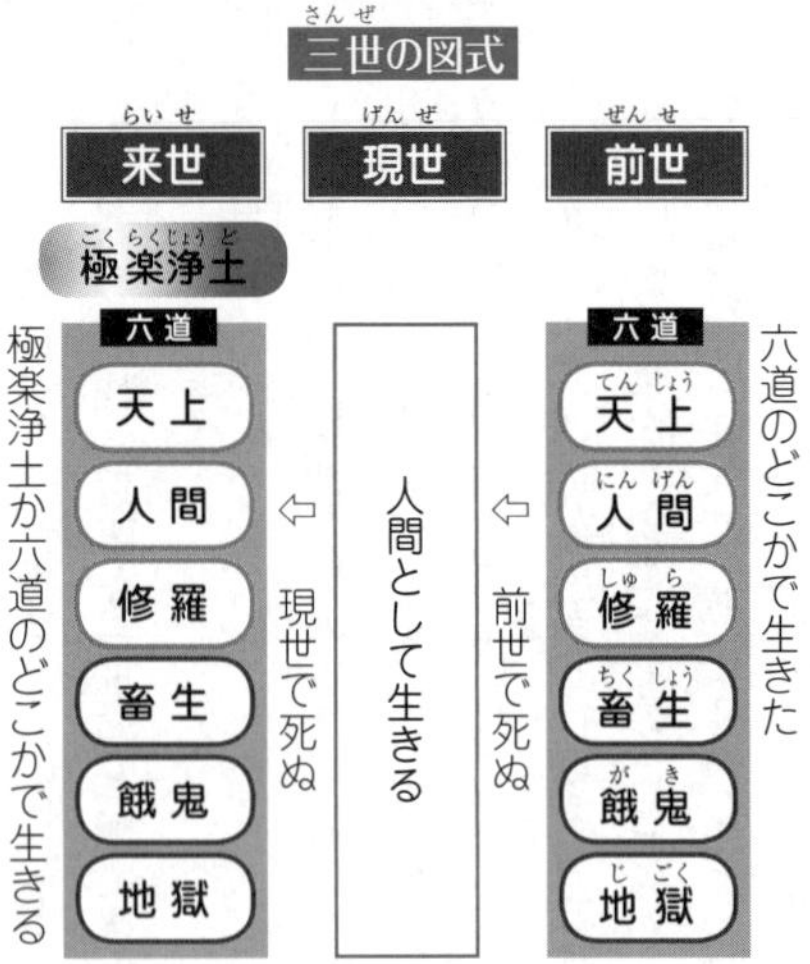

□五戒【ごかい】 在俗の信者が守るべき五つの戒めです。五悪《ごあく》「殺生・偸《ちゅう》盗《とう》（＝盗み）・邪淫・妄語（＝うそをつくこと）・飲酒《おんじゅ》」を禁じています。五戒を守れなかった人が地獄（⇩p.121）に行くことになります。

□十戒【じつかい《ジッカイ》】 未熟な僧や尼が仏道修行上守らなければならない十の戒めで、十悪を禁じています。十悪とは、殺生・偸盗・邪淫・妄語・綺語《きご》・悪口《あっく》・両舌・貪欲・瞋恚《しんい》・邪見（もしくは愚痴）のことです。

□末法【まつぽふ《マッポウ》】 釈迦《しゃか》の入滅（＝悟りを開いた聖者《しょうじゃ》が死ぬこと）後は、次の三つの時期に分けられます。

①正法《しょうぼう》……釈迦の死後五百年（または千年）、釈迦の教えが正しく行われる時期。

②像法《ぞうぼう》……次の千年（または五百年）、人々の信仰が形式化し、真実の修行が行われなくなるが、まだ教えは残っている時期。

③末法……次の一万年、仏法が衰え、天変地異や騒乱が起きる時期。

□**末の世《スエノヨ》**【すゑのよ】　日本では永承七年（一〇五二年）から末法に入ったとされ、**無常観**や厭世《えんせい》観が強まりました。末法に入った世のことを、末の世・末世《まっせ》といいます。末の世である現世を厭《いと》い、来世の極楽往生《おうじょう》を強く願う気持ちが、貴族だけでなく庶民にも広がっていきました。

古文常識 知恵袋

Q　地獄って何ですか？

A　地獄は人間世界から遥《はる》か下層にあり、地獄の王である閻魔《えんま》大王が生前の罪業を審判し、獄卒の鬼が刑罰を与える所です。

殺生《せっしょう》（虫などの殺生をも含みます）・邪淫《じゃいん》（＝妻または夫でない者と関係すること）・邪見《じゃけん》（＝仏教の教えに反する考えを説き、実践すること）・犯持戒人（＝尼僧・童女などへの乱暴）など犯した罪によりどの地獄に落ちるかが決まります。地獄には八つの層があり、あわせて八大地獄といいます。一層目から下へ順に、等活《とうかつ》地獄、黒縄《こくじょう》地獄、衆合《しゅごう》地獄、叫喚《きょうかん》地獄、大叫喚地獄、焦熱《しょうねつ》（＝炎熱）地獄、大焦熱地獄、阿鼻《あび》地獄（＝無間《むげん》地獄）があります。

第一層の等活地獄では、一兆六六五三億年過ごした後、転生することができます。最下層の阿鼻地獄は、死後に人間界から落ち始めて到達するまでに二〇〇〇年を要し、転生するには宇宙が誕生し、消滅するまでの時間がかかります。

層	地獄の種類	犯した罪	転生までの時間
第一層	等活地獄	殺生	1兆6653億年
第二層	黒縄地獄	殺生・盗み	13兆年
第三層	衆合地獄	殺生・盗み・邪淫	106兆5800億年
第四層	叫喚地獄	殺生・盗み・邪淫・飲酒	852兆6400億年
第五層	大叫喚地獄	殺生・盗み・邪淫・飲酒・妄言	6821兆1200億年
第六層	焦熱地獄	殺生・盗み・邪淫・飲酒・妄言・邪見	5京4568兆9600億年
第七層	大焦熱地獄	殺生・盗み・邪淫・飲酒・妄言・邪見・犯持戒人	宇宙が誕生し消滅する時間の半分
第八層（最下層）	阿鼻地獄	殺生・盗み・邪淫・飲酒・妄言・邪見・犯持戒人・父母等の殺害	宇宙が誕生し消滅するまで

八大地獄

25 出家《しゅっけ》・物詣《ものもうで》

古文常識チェック！

Q1 出家《しゅっけ》のきっかけとしてあてはまらないのは？

① 年老いた
② 病気を治したい
③ 主君・肉親が亡くなった
④ 栄達を願う

Q2 「出家する」意味ではないのは？

① 世を出《い》づ
② 様《さま》を変《か》ふ
③ 頭《かしら》おろす
④ 世に出づ

これだけは覚えよう

1 出家《しゅっけ》とは俗世を捨てて僧や尼になること。
2 出家のきっかけは老齢・病気・主君や肉親の死が多い。
3 極楽往生《ごくらくおうじょう》が主な目的である。

Q1 正解 ④

仏道に志し、悟りを求めてそれを実現する心を「道心《どうしん》」、道心をおこすことを「発心《ほっしん》」といいます。鴨長明の『発心集』には発心の実例が列挙されています。老齢や病気、主君や家族の死などで世の無常を感じた時、奇跡や啓示（＝神や仏が、人間の力では知り得ないようなことをさとしたり、示したりすること）などきっかけは様々で、怒りや恨みから出家（＝家を出て仏門に入ること）することもあったようです。④の「栄達」は俗世で高い地位にのぼることですから、地位や名誉を捨てる出家とは正反対の内容です。

Q2 正解 ④

「出家する」という意味をあらわす語句は「世を出づ・様を変ふ・頭おろす」などたくさんあります。出家の際は剃髪《ていはつ》（＝頭髪をそり落とすこと）します。④の「世に出づ」は「出世する」意で、正反対です。

解説

出家の話は古文に非常に多くあります。出家をすると、今までの様々な人間関係や、仕事・身分などを捨てなければなりません。特に、親子・妻などの家族、友人、主従などの関係は捨て去りにくいものです。誰かが出家をほのめかすと、周囲の人々が何とか引き止めようとする話が多いのは、当人との関係を無くしたくないからなのです。出家を固く決心した者が、本心を誰にも告げようとしないのもそのためです。俗世を捨て去りたいと願い出家に心を寄せる者と、出家することを「忌むこと」と表現し、不吉なものと考える俗世の人間のしがらみは、しばしば文学作品の主要なテーマになっています。

出家にまつわる理解を深めましょう。僧・物詣《ものもうで》・観音《かんのん》信仰についても知っておくことで、古文が読解しやすくなります。

出家

(1) 出家とは？

俗世を捨てて仏門に入り、僧や尼になること。仏道修行のことを「行《おこな》ひ」といいます。

(2) 出家の目的

死後に極楽に生まれ変わること（＝極楽往生《おうじょう》）が主な目的です。病気を治すために出家することもありました。

(3) 出家の内容

出家するには、俗世の「地位・名誉・財産・家族への愛情・風流心」などへの執着を捨てなければなりません。執着があると極楽往生ができないからです。しかし、出家後も「家族への愛情・風流心」が捨てられない話は多くあります。男性は髪を剃《そ》って僧になり、女性は髪を背や肩のあたりで切りそろえて尼になります。尼や、女児の背や肩のあたりで切りそろえた髪型を「尼そぎ」といいます。僧衣は「**苔《こけ》の衣《ころも》**」「**墨染《すみぞめ》の衣**」などといいます。

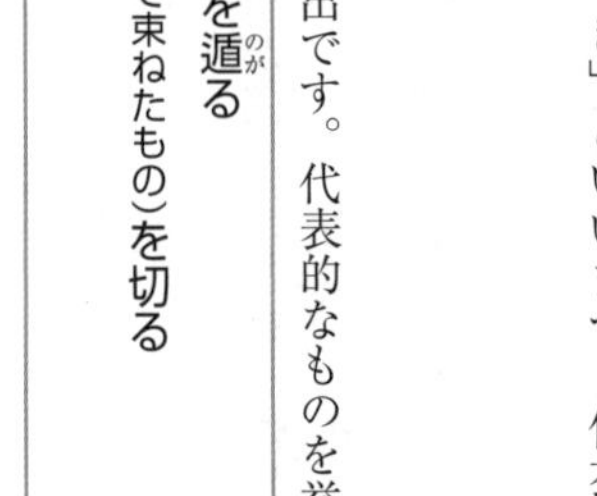

☑古文常識キーワード

□出家する

出家することを表現する語は入試でも頻出です。代表的なものを挙げておきます。

出家する

世を捨つ／世を出《い》づ／世を離《はな》る／世を背く／世を遁《のが》る
御髪《みぐし》おろす／頭《かしら》おろす／髻《もとどり》（＝髪を頭の上で集めて束ねたもの）**を切る**
形を変《か》ふ／様《さま》を変ふ　等々

□絆【ほだし】

絆とは、人の身の自由を束縛するものですが、特に、出家したいと思っても家族や愛する人を捨てることが出来ない場合に「出家の妨げ」の意味で使われます。

□僧【そう】

出家して仏道の修行をする人を僧・**尼**（＝女性で仏道に帰依《きえ》した人）といいます。仏門に入る者が指導者の僧から戒律を受けることを**受戒《じゅかい》**といいます。

僧にも僧官という天皇から任命される官職があります。僧官には僧正《そうじょう》・僧都《そうず》・律師《りっし》の、三つがあります。**僧正**は最高位の僧官で、僧徒の取り締まりをします。貴族の二位から三位に相当し、もともと一名でしたが、後に十余名になりました。**僧都**は僧正に次ぐ地位の僧官で、四位に相当し、初めは二名でしたが後に数が増えました。**律師**は僧都に次ぎ、五位に相当します。

別当《べっとう》は、東大寺《とうだいじ》・興福寺《こうふくじ》・法隆寺《ほうりゅうじ》などの大寺の長で、事務を取り仕切りました。その他、**阿闍梨《あじゃり》**・**上人《しょうにん》**・**聖《ひじり》**・**大徳《だいとこ》**は「徳の高い僧」のことです。**入道**も僧・尼のことですが、後には出家に対して在俗のまま剃髪《ていはつ》した人を入道といいました。

物詣《ものもうで》

神社や仏閣に参詣《さんけい》することを**物詣**といいます。多くは一晩から数週間泊まりがけで寺社に籠《こ》もり、一晩中読経や祈願をします。人々は、魂の救済を求めたり、**現世利益**《げんぜりやく》（＝病気からの回復・生活苦からの脱却など）を願ったりして、参詣あるいは**参籠**《さんろう》（＝幾日か籠もること）します。参詣・参籠の話は日記や随筆の素材の一つです。寺は、貴族たちだけでなく、庶民の願いが託される所でもあり、女性も多く参詣・参籠しました。特に、清水寺《きよみずでら》・長谷寺《はせでら》・石山寺《いしやまでら》・六角堂など現世利益を説く**観世音菩薩**《かんぜおんぼさつ》（＝**観音**《かんのん》）を本尊とする寺院は、老若貴賤《きせん》の参詣人で賑《にぎ》わいました。**『大鏡』**は、僧俗男女の集まる雲林院《うりんいん》の菩提講《ぼだいこう》（＝極楽往生《おうじょう》を求めるために、法華経《ほけきょう》を講義する法会《ほうえ》）を背景に、講師が登場するまでの間に語られた昔物語を筆録したものとして書かれています。また、夜に読経や祈願をしている時についまどろんで、**夢の中で神仏からのお告げを聞く話**がよく入試に出題されています。

観音信仰

古来、女性は、極楽往生することが非常に難しいとされていました。女性特有の出産・月経などを**穢**《けが》**れ**と考えたからです。しかし、法華経の観世音菩薩普門品《かんぜおんぼさつふもんぼん》（＝普門品）には**女人往生**《にょにん》をはじめ**悪人往生**・現世利益が説かれ、観音信仰が広まりました。

山・寺・奈良

特別な略称で呼ぶ寺があります。第一章にも記しましたが「**山**《やま》」は比叡山延暦寺《ひえいざんえんりやくじ》で、「**山の座主**《ざす》」とは比叡山延暦寺の最高位の僧職である**天台座主**《ざす》のことです。「**寺**《てら》」は三井寺《みいでら》(園城寺《おんじょうじ》)、「**奈良**」は興福寺《こうふくじ》のことです。

26 物《もの》の怪《け》・死・加持祈禱《かじきとう》

古文常識チェック!

Q1「死ぬ」をあらわすのは?

① いたづらになる
② ただならず
③ 例《れい》ならず
④ 我にもあらず

Q2 病気はどのようにして治した?

① 神仏《かみほとけ》に祈る
② 病院に行く
③ 旅行をする
④ 宮中に行く

これだけは覚えよう

1 病気は「物《もの》の怪《け》」が原因と考えられた。

2 物の怪は加持祈禱《かじきとう》で調伏《ちょうぶく》した。

Q1 正解 ①

平安時代の平均寿命は短く、死は身近でした。昔の人は言霊《ことだま》(＝言葉に宿ると信じられた不思議な力)の存在を信じ、縁起の悪い言葉を使うと災いが起こると思っていました。そのため「死ぬ」という語を使わずに、「**失《う》す・隠る・消ゆ・果《は》つ・むなしくなる・はかなくなる・いたづらになる・ともかくもなる・甲斐《かひ》なくなる・あさましくなる**」などと、別のいい方をしました。②の「**ただならず**」は、特に懐妊をあらわします。③の「**例ならず**」は、多くは病気であることをあらわします。④の「**我にもあらず**」はわけがわからず茫然《ぼうぜん》としている様子や、不本意であることをあらわします。いずれも重要な表現です。

Q2 正解 ①

病気は「物の怪」のしわざと考えられました。薬師《くすし》と呼ばれる医者もいましたが、僧が「加持祈禱」をして、治すのが中心でした。加持祈禱により物の怪を退散させることを調伏《ちょうぶく》といいます。②の病院は当時まだありません。③・④は病気とは無関係です。

解説

文学作品には僧などによる祈りの場面が多く描かれています。祈りの内容は様々ですが、災いを避け苦しみを逃れ幸福を得ようという点で、人間の願いは昔も今も変わりはありません。

文学作品に現れる僧の仕事は大きく二つに分かれます。一つは死に関わることで、死者の冥福を祈る供養はもっぱら僧が担当しました。人々を教え導く説経も、現世での生活を正しく務め、来世での幸福を願うというものですから、広い意味で死にかかわるものです。もう一つは、人にとり憑《つ》いた物の怪などを祈りの力で追い払う仕事です。僧の祈りによって仏の力を発動させ、物の怪を退散させます。

人々は、物の怪や死に対する恐れを、僧の仕事や仏教の教えを通して解消しようとします。ここでは、生活にかかわる仏教の諸相を見ることにしましょう。

☑ 古文常識キーワード

□**物の怪**【もののけ】「もの」（＝何か得体の知れない超自然的な存在）の気配のことで、人にのりうつって祟《たた》り（＝病気にしたり、時には死に至らしめたりする災い）をなす**生霊**《いきりょう》や死霊です。病気の原因は「物の怪」と考えられました。怨霊《おんりょう》として出現し、執拗《しつよう》に祟り、危害を加えます。従って病気を治すためには、物の怪を祓《はら》う必要があります。

物の怪の具体的な例をあげましょう。村上天皇の第一皇子である広平《ひろひら》親王は、異母弟憲平《のりひら》親王（後の冷泉《れいぜい》天皇）に東宮の地位を奪われました。広平親王の外祖父（＝母方の祖父）大納言藤原元方《もとかた》は失望のあまり病死してしまいます。即位した冷泉天皇には常軌を逸したふるまいが多く、その子である花山《かざん》天皇は藤原兼家の策謀により出家して退位、次の三条天皇は眼病で退位しました。これらを当時の人々は元方と広平親王の母祐姫《すけひめ》の怨霊のしわざだと考えたのです。

□加持祈禱【かぢきたう《カジキトウ》】物《もの》の怪《け》を祓《はら》うために、加持祈禱が行われました。「加持」とはもともと「側《そば》に立つこと」で、転じて加護（＝神仏が人を守り、危難から救うこと）の意です。「祈禱」とは現世における希望・願望を達成するための祈りです。主に病気や出産の場面に登場し、密教の僧侶・陰陽師《おんみょうじ》（⇩p.130）・修験者《しゅげんじゃ》（験者《げんざ》ともいいます。深山幽谷で厳しい修行をして特殊な霊能力を持つといわれます）によって行われます。『宇治拾遺物語』には加持祈禱で死者が蘇生する話が、『三宝絵《さんぼうえ》』には熱い火を免《まぬか》れる話が、『平家物語』には七日間加持祈禱をして笛を作る話が載っています。

□火葬場【くわさうば《カソウバ》】遺体は都では「**化野**《あだしの》」や「**鳥辺野**《とりべの》（鳥辺山）」（⇩p.29）などで火葬されるのが普通です。古文に出てくる「**煙**《けぶり》」は、炊事以外では火葬の煙を指すことがほとんどです。

□服喪【ふくも】喪に服する期間のことです。主君・父母・夫などが亡くなった時は一年、妻や嫡子は三か月と決められています。服喪中は身を清め、心を慎み、仏事に専念して、精進の生活をします。室内は、普段の装飾を外し、**鈍**《にび》**色**《いろ》（＝濃いねずみ色）の縁《ふち》の簾《すだれ》・鈍色の縁の畳・鈍色の帷《とばり》の几《き》帳《ちょう》・黒の調度を使います。喪服の色は黒か鈍色で、死者と縁が濃い者は濃い鈍色、薄い者は薄い鈍色です。

□触穢【しよくゑ《ショクエ》】死亡・出産・月経など、穢《けが》れとされるものに触れることで、一定の間、**神事・参内などを慎まなければなりません**でした。ちなみに穢れの期間は、死人・葬式・出産が七日間、牛馬の死が五日間、犬のお産が三日間です。その期間中に触穢の場所に立ち入った人が不注意に動き回ると穢れが広がると考えられました。内裏の片隅で犬の死骸などが見つかると大騒ぎになりますが、この穢れを祓《はら》い清めるために陰陽師が呼ばれました。

27 陰陽道《おんみょうどう》・神社信仰

古文常識チェック!

Q1 「物忌《ものいみ》」のときにしてはいけないことは?

① 手紙を受け取る　② 外出する

③ 肉を食べる　④ 訪問客と会う

Q2 陰陽師《おんみょうじ》として有名な人物は?

① 紀貫之《きのつらゆき》　② 菅原道真《すがわらのみちざね》

③ 紫 式部《むらさきしきぶ》　④ 安倍晴明《あべのせいめい》

これだけは覚えよう

1 物忌《ものいみ》は身を慎みこもること。

2 方違《かたたが》えは、忌むべき方角を避けて、前夜にいったん別の方向へ行って泊まり、改めて目的地へ行くこと。

Q1 正解 ①②③④

全てです。他に臭気の強い野菜を食べてはいけないなど、あれこれ禁止事項があります。

Q2 正解 ④

①は『土佐日記』の作者で、『古今和歌集』の仮名序も書いています。②は宇多天皇の信任を得、右大臣になりましたが、藤原時平の中傷によって大宰権帥《だざいのごんのそち》に左遷され、配所で没しました。学問の神として京都の北野天満宮に祀《まつ》られています。③は一条天皇の中宮彰子に仕え『源氏物語』を書いた女房です。

解説

物忌《ものいみ》は、陰陽道《おんみょうどう》という学問に基づいています。陰陽道は、国に関わることから、冠婚葬祭など私的な営みに至るまで、多くの事柄に関与しました。方角に関する物忌も陰陽道に基づいて決められました。天に複数の神がいて、それぞれがある基準で動き回り、神のいる方角へ向かった人には災いが起こると思われました。

仏教や陰陽道とともに、人々の精神生活を支えたものに神社信仰があります。特に平安京の周辺にある神社を参詣に訪れた人々の記事が、多くの文学作品に残っています。平安中期からは、現在の和歌山県南部にある熊野《くまの》三社への参詣が盛んで、上皇・法皇の御幸《みゆき》《ごこう》(⇩p.80)も頻繁に行われました。

陰陽道

古代中国の陰陽五行《いんようごぎょう》説に基づいて、天文・暦数・占い・予言などを行う学問です。陰陽とは、互いに反する性質を持った二種の気で、日・春・夏・東・南・火・男などを陽、月・秋・冬・西・北・水・女などを陰とし、両者の相互作用によって、万物が作り出されるとしました。五行とは、木・火・土・金・水の五つの元素の運行のことです。宮中に陰陽寮《おんみょうりょう》という役所が置かれ、陰陽師《おんみょうじ》という役人六人が、吉を招き禍《わざわい》を避けるために、占いや呪術を行いました。陰陽博士《はかせ》の他に暦・天文・漏刻《ろうこく》(=水時計の一種)の博士がいました。占いなどをして、吉凶を書き込んだ暦(=具注暦)を毎年十一月一日に陰陽寮から献上し、それが役所や諸家に分配され、国の政策から個人の生活にまで深い影響力を持ちました。賀茂《かも》家と安倍《あべ》家が陰陽寮の主流で、特に安倍晴明《あべのせいめい》は、藤原道長と同時代の陰陽師として有名です。官人としての陰陽師は公務をつとめるかたわら、貴族に私的に奉仕することもありました。また、民間の陰陽師もいました。

☑古文常識キーワード

□**物忌**【ものいみ】　夢見・病気・物《もの》の怪《け》・触穢《しょくえ》などから受ける災いを避けるために謹慎することです。日や期間・方角などを定めるのは陰陽師《おんみょうじ》の占いです。物忌には軽重があり、重い場合は、門を閉じ、外出せず、よそから人が入ってくるのも許しません。軽い物忌も謹慎が基本ですが、やむを得ない場合は参内・外出します。物忌は欠勤の口実に使われることもあったようです。

□**方塞がり**【かたふたがり】　出かけようとする方角に神々が巡って来ていて、出歩くことができない状態をいいます。陰陽道の神に、天一神《てんいちじん》（＝中神《なかがみ》）という方角の神がいて、六十日周期であちこちを一巡りします。運行はややこしく、己酉《つちのととり》の日に天から下り、東北隅に六日、次は東方に移動して五日、というように順次八方を回って、四隅に六日ずつ、四方に五日ずつ、計四十四日で一巡し、癸巳《みずのとみ》の日に真北《まきた》から天に上り、残り十六日間を天で過ごし、また最初に戻ります。天一神の方角に向かう者に神は災いをなします。神が天にいる十六日の間は人はどの方角でも自由に行くことができます。またこの他に太白神《たいはくじん》（戦争や凶事をつかさどります）などの神々がいて、合わせるととても複雑な動きをしています。

□**方違へ**【かたたがへ《カタタガエ》】　外出の際、天一神などが遊行《ゆぎょう》して避けるべき方角に目的地が当たる場合、災いを避けるため、前夜いったん別の方角（吉方《えほう》）の家に泊まり、翌日方角を変えて改めて目的地に向かうことをいいます。神々の動きが複雑なので、その都度、陰陽師の易占《えきせん》がありました。『大和物語』八段、『平中《へいちゅう》物語』三十八段をはじめとして多くの作品に登場します。

□**夢解き**【ゆめとき】　見た夢の内容を解釈して吉凶を判断することや、夢の吉凶の判断をする人をいいます。平安時代には夢で見たことが実現すると信じられていました。「夢占《ゆめうら》」ともいいます。

神社信仰

古文の作品に登場する主要な神社信仰について説明しましょう。

☑古文常識キーワード

□**伊勢信仰**【いせしんかう《イセシンコウ》】 現在の三重県にある伊勢神宮《いせじんぐう》に対する信仰をいいます。伊勢神宮は天皇家の祖先神である天《あま》照大神《てらすおおみかみ》（天照大御神《あまてらすおおみかみ》とも）を祀《まつ》る神社です。天皇家とのつながりが深く、**斎宮**《さいぐう》と呼ばれる未婚の皇女または王女が奉仕します。天皇の代替わりに合わせて斎宮も交替するのが通例です。文学作品にあらわれる伊勢の斎宮は、男性にとって手の届かない禁忌《きんき》のイメージをただよわせた存在として描かれています。

□**賀茂信仰**【かもしんかう《カモシンコウ》】 現在の京都市にある賀茂神社《かもじんじゃ》に対する信仰をいいます。賀茂神社は賀茂別雷《かもわけいかずち》神社（上賀茂《かみがも》神社）・賀茂御祖《かもみおや》神社（下鴨《しもがも》神社）の総称で、**斎院**《さいいん》と呼ばれる未婚の皇女または王女が奉仕します。昔、賀茂川沿いは賀茂氏の勢力下にありました。そのため、平安京の造営にあたっても天皇家は賀茂氏の協力を得なければならず、平安京を起こした桓武《かんむ》天皇は、賀茂の氏神を京都の産土神《うぶすな》（＝土地を守護する神）としたのです。賀茂の斎院は、居所も都の近郊の紫野《むらさきの》に置き、斎宮ほどは隔絶した感はなく、男女の官人たちが斎院のもとに出入りして、サロンを形成する場合もありました。大斎院選子《せんし》内親王（村上天皇皇女）がその代表例です。斎院も原則として天皇の代替わりごとに選ばれますが、選子内親王は五代の天皇にわたって五十七年間も在任しました。

□**熊野信仰**【くまのしんかう《クマノシンコウ》】 現在の和歌山県にある熊野三社に対する信仰をいいます。熊野三社とは熊野本宮大社《ほんぐうたいしゃ》（本宮）、熊野速玉《はやたま》大社（新宮）、熊野那智《なち》大社（那智）の総称です。（本宮はもと熊野坐《くまのにます》神社、那智はもと熊野夫須美《くまのふすみ》神社と称しました。）熊野参詣は、九〇七年の宇多法皇の御幸に始まり、平安期から鎌倉期にかけて盛んになり、上皇・法皇の御幸が数多く行われるなど、都の人々の尊崇《そんすう》を集めました。浄土信仰が盛んになると、熊野沖はるか南方の補陀落山《ふだらくせん》に浄土があるという考えが広まり、浄土に向けて出帆《しゅっぱん》する補陀落渡海《ふだらくとかい》を実現しようとする者もいました。

□八幡信仰【はちまんしんかう《ハチマンシンコウ》】現在の大分県にある宇佐八幡宮《うさはちまんぐう》への信仰から始まりました。平安時代に平安京の南西、裏鬼門《うらきもん》（鬼門は北東の方角）にあたる男山《おとこやま》の地に勧請《かんじょう》して石清水八幡宮《いわしみずはちまんぐう》が造られてから、国家鎮護の神社として都の人々の崇敬《すうけい》を集めました。武神として清和源氏《せいわげんじ》が**氏神**《うじがみ》にした結果、戦いの神としての面が強くなっていきました。

□住吉信仰【すみよししんかう《スミヨシシンコウ》】現在の大阪市住吉区にある住吉大社への信仰をいいます。もとは住吉神社と称し、全国に二千社以上あるといわれる住吉社の総本宮です。神功皇后《じんぐうこうごう》の三韓征討《さんかんせいとう》の際に、神威《しんい》によって一行を守護したといわれています。海上交通の神として崇《あが》められました。古文では、**和歌の神**として歌人たちに信仰されていた様子が様々な作品に描かれています。

□御霊信仰【ごりやうしんかう《ゴリョウシンコウ》】非業《ひごう》の死を遂げた人の霊を鎮撫《ちんぶ》し、祟《たた》りを免れるために祀《まつ》ることによって、祟る力を護《まも》る力に変えて信仰することをいいます。御霊信仰の対象となるのは、政治的に失脚して都を追われた者が多く、彼らが都の外から災いをもたらしていると考えられたのです。御霊を鎮《しず》めるために行われたのが「御霊会《ごりょうえ》」と呼ばれる祭りでした。

□天神信仰【てんじんしんかう《テンジンシンコウ》】御霊信仰で最もよく知られているのが、菅原道真《すがわらのみちざね》を祀《まつ》る天神信仰でしょう。左大臣藤原時平《ときひら》の中傷によって、大宰府《だざいふ》に左遷された右大臣の道真は、失意のうちに大宰府の地で人生を終えます。道真の死後、時平が急死し、時平の子どもたちも次々に亡くなります。加えて落雷によって内裏が焼亡し、人々は一連の出来事を道真の祟《たた》りによるものだと考え、道真を京の北野の地に祀りました。こうして道真は、落雷の一件から雷や火の神として崇《あが》められ、天神と呼ばれるようになったのです。時が経ち、御霊神としての祟りの性質が薄れていった結果、室町時代ぐらいから文筆の神、その後次第に現在のような学問の神と考えられるようになりました。

入試問題に見る古文常識④

次の文章は、大臣の娘である女御《にょうご》が出産する直前の様子を描いたものである。これを読んで、後の設問に答えよ。

（内裏を出て、実家である大臣邸に着くころから、女御が苦しみだした。大臣からの連絡を受けた帝は、すぐに徳の高い僧や陰陽師らを派遣した。）

御修法《みずほふ》の声、絶ゆる間もなく、護摩の煙《けぶり》の立ちさらでも、いささかの御験《みしるし》だに見えさせ給《たま》はねば、*島より伴ひ給ひし阿闍梨の、「須磨《すま》より帰り給はん」とのたまへるを、「ここまでいまして、故郷《ふるさと》を見給はぬことやある」と相具し給へるを、賀茂川の御堂に据ゑさせてありけるを召し給ひて、「かかる御悩みに見るめも暗くなりて、共に絶え果つべき心地のし給ふなり。さもおはせば、御後《のち》の世までも心の*闇に迷ひぬべければ」、*灯《ともし》火《び》となりぬべき御わざのことまで沙汰しのたまひて、御涙ぐませ給へば、阿闍梨も「よよ」と泣き給うて、「ただならぬ御身の上には、物の怪などの付き添ふためしのいと多く候《さぶら》ふなり。さあらんには、尊き僧たちのあまたましまさんには、やがてそれと知られ給はんものを、日にそひて篤《あつ》しく悩ませ給ふらんこそ心得られね。いかにしふねき魂《たま》なりとも、名告《なの》りをせんほどのしるしはありなん。されども、世に数《かず》まへられぬ身の、やんごとなき中に出《い》でまじらはんも、目立つべかめれば、物を隔てて御声をだに聞かましかば」とのたまはすれば、「何かは」とて召し具し給うて、御屏風《びやうぶ》を隔て据ゑさせ給ひけるに、あやしき御声の折々うち咳《せ》かせ給へれば、「さればよ」と思《おぼ》す。

（『松陰中納言』）

（注）＊島より伴ひ給ひし阿闍梨――大臣が、隠岐島《おきのしま》から連れてきた高徳の僧。

＊心の闇――「人の親の心は闇にあらねども子を思ふ道に惑ひぬるかな」（『後撰集』）に依拠した表現。

＊灯火となりぬべき御わざのこと――死んでしまった時の葬儀の準備。

問　傍線部について、「『さればよ』と思す」とはどういうことか、具体的に説明せよ（句読点とも三十字以内）。

30

（同志社大・改）

解答・解説

解答

阿闍梨の予想通り、女御の病気は物の怪の仕業であるということ。（30字）

解説

まず、傍線部を逐語訳すると、「『予想通りだ』とお思いになる」となります。これだけでは、何のことかわかりませんので、解答として説明する内容は、まず誰が何を「予想通りだ」と思ったのかということになります。傍線部の直前の場面では、大臣が隠岐島から連れて来た阿闍梨が、女御の病状が日に日に悪化するのを不審に思い、大臣に願って女御の声を聞く様子が描かれています。傍線部の直前には「あやしき御声の折々うち咳《せ》かせ給へれば」とあり、阿闍梨が聞いた女御の声は、奇怪な声で時々咳き込んでいました。そこで「『予想通りだ』とお思いになる」と続くわけですから、「お思いになる」の主語は阿闍梨で、その聞いた奇怪な声を「予想通りだ」と思ったことになります。では、阿闍梨が「予想」していたことは何だったのでしょうか。問題文には「ただならぬ御身の上には、物の怪などの付き添ふためしのいと多く候ふなり」とあって、現代語訳すると「懐妊の様子である御体には、物の怪などが取り憑《つ》く先例がたいそう多くあるのでございます」となり、阿闍梨が物の怪のせいで女御が苦しんでいると考えていることがわかります。この一文の理解に、物の怪についての古文常識が必要なのです。物の怪が人の体に取り憑いて、その人を苦しめる例は多くの作品に描かれています。ここでは「ただならぬ御身の上」とあって、古文単語の「ただならず」の意味も重要でした。「ただならず」が女性に使われた時には、多くの場合、妊娠していることを表します。阿闍梨が言うように妊産婦には物の怪が取り憑《つ》きやすいと考えられていました。『源氏物語』で光源氏の正室であった葵《あおい》の上が、出産の際に六条御息所の生霊に取り憑かれる例が有名です。

　したがって、懐妊している女御が苦しんでいることから物の怪の仕業を予想した阿闍梨は、女御の声が奇妙な声で咳き込む様子を聞き、それを物の怪の声と判断して、自分の予想が正しかったことを確認したのが傍線部だったということになります。

【現代語訳】

御修法の声が、絶える時もなく、護摩の煙が立ち去らないでも（＝ずっと護摩が焚《た》かれて煙が立ち続けても）、少しの御霊験さえ見えなさらないので、（大臣が隠岐の島からお連れになった阿闍梨が、「須磨から（隠岐島へ）お帰りになるだろう」とおっしゃったのを、（大臣は）「ここまでいらっしゃって故郷（の都）を御覧にならないことがあるか」と連れていらっしゃったのを、賀茂川の御堂に住まわせていたのを（大臣が）お呼びになって、「このような御病気で目の前が真っ暗になって、一緒に亡くなるに違いない気持ちがしなさるのである。そのようでもいらっしゃるならば（＝女御がお亡くなりになるならば）、御来世までも心の闇にきっと迷うに違いないので」と、死んでしまった時の葬儀の御準備のことまで命令しておっしゃって、御涙ぐみなさるので、阿闍梨も「おいおい」とお泣きになって、「懐妊の様子である御体には、物の怪などが取り憑《つ》く先例がたいそう多くあるのでございます。そうであるならば（＝物の怪が取り憑いたならば）、尊い僧たちが大勢いらっしゃるような時には、すぐにそれ（＝たちの悪い物の怪の仕業）と自然とおわかりになるだろうけれども、日が経つにつれて病気が悪くなりなさっているようなことは、納得することができない。どれほど執念深い悪霊であっても、（私には悪霊が）名前を名乗るようなほどの霊験はきっとあるだろう。そうであるけれども、世間で物の数にも入らない我が身が、高貴な方々の中に顔を出して仲間入りするようなことも、目立つに違いないようだから、（屏風などの）物を隔てて御声をだけでも聞いたならば」とおっしゃるので、「どうして（遠慮することがあろうか）」といって連れて行きなさって、屏風を隔てて（阿闍梨を）座らせなさったところ、奇怪な（悪霊の）御声が、時々咳き込みなさっているので、「予想通りだ」と（阿闍梨は）お思いになる。

入試問題に見る古文常識　総合問題

次の文章を読んで、後の問いに答えなさい。

平中《へいちゅう》が色好みけるさかりに、市に行きけり。中ごろは、よき人々市に行きてなむ、色好むわざはしける。それに故后《きさい》の宮の①御達《ごたち》、市に出《い》でたる日になむありける。平中色好みかかりて、になう懸想しけり。のちに文をなむおこせたりける。女ども、「車なりし人は多かりしを、誰《たれ》にある文にか」となむ言ひやりける。さりければ、男のもとより、

　ももしきの袂《たもと》の数は見しかどもわきて思ひの色ぞこひしき

と言へりけるは、武蔵《むさし》の守《かみ》の女《むすめ》になむありける。それなむいと濃き掻練《かいねり》着たりける。それをと思ふなりけり。されば、その武蔵なむ、後《のち》は返りごとはして、言ひつきにける。かたち清げに髪長くなどして、よき若人になむありける。いといたう人々懸想しけれど、思ひ上がりて男などもせでなむありける。されどせちによばひければ逢《あ》ひにけり。その朝《あした》に文もおこせず。夜《よる》まで音《おと》もせず。心憂しと思ひあかして、またの日待てど文もおこせず。その夜した待ちけれど、朝に、仕ふ人など、「いとあだにものし給《たま》ふと聞きし人を、ありありてかく逢ひ奉り給ひて、みづからこそ暇《いとま》も障《さは》り給ふこともありとも、御文をだに奉り給はぬ、②心憂きこと」などこれかれ言ふ。心地にも思ひゐたることを、人も言ひければ、心憂く、くやしと、思ひて泣きけり。その夜、もしやと、思ひて待てど、また来ず。またの日も文もおこせず。すべて音もせで五、六日になりぬ。この女、音《ね》をのみ泣きて、物も食はず、仕ふ人など、「おほかたはな思《おぼ》しそ。かくてのみやみ給ふべき御身にもあらず。人には知らせでやみ給ひて、ことわざをもし給うてむ」と言ひけり。ものも言はで籠もりゐて、仕ふ人にも

見えで、いと長かりける髪をかい切りて、手づから尼になりにけり。仕ふ人集まりて泣きけれど、言ふかひもなし。「いと心憂き身なれば、死なむと思ふにも死なれず。かくだになりて、③行ひをだにせむ。かしがましく、かくな人々言ひ騒ぎそ」となむ言ひける。

　かかりけるやうは、平中、その逢ひけるつとめて、人おこせむと思ひけるに、つかさのかみ、にはかにものへいますとて寄りいまして、寄り臥《ふ》したりけるを、おひ起こして、「いままで寝たりける」とて、逍遥《せうえう》しに遠き所へ率《ゐ》ていまして、酒飲み、ののしりて、さらに返し給はず。からうじて帰るままに、*亭子《ていじ》の帝《みかど》の御供に*大井《おほゐ》に率ておはしましぬ。そこにまた二夜《ふたよ》さぶらふに、いみじう酔《ゑ》ひにけり。夜更けて帰り給ふに、この女のがり行かむとするに、④方塞《かたふた》がりければ、おほかたみな違《たが》ふ方へ、院の人々類《るい》していにけり。この女、いかにおぼつかなくあやしと思ふらむと、恋しきに、今日だに日もとく暮れなむ、行きてありさまも自《みづか》ら言はむ、かつ、文をやらむと、酔ひさめて思ひけるに、人なむ来てうちたたく。「誰《た》そ」と問へば、「なほ*尉《ぞう》の君にもの聞こえむ」と言ふ。さしのぞきて見れば、この家の女なり。胸つぶれて、「こち、来《こ》」と言ひて、文を取りて見れば、いと香ばしき紙に、切れたる髪を少しかい*わがねて包みたり。いとあやしうおぼえて、書いたることを見れば、

　あまの川空なるものと聞きしかどわが目の前の涙なりけり

と書きたり。尼になりたるなるべしと見るに、目もくれぬ。心肝《こころぎも》を惑はして、この使ひに問へば、「はやう御《み》髪《ぐし》おろし給うてき。かかれば御達も昨日今日いみじう泣き惑ひ給ふ。下種《げす》の心地にも、いと胸いたくなむ。さばかりに侍《はべ》りし御髪を」と言ひて泣く時に、男の心地いといみじ。なでふ、かかるすき歩《あり》きをして、かくわびしきめを見るらむと、思へどかひなし。泣く泣く返りごと書く。

　世をわぶる涙流れてはやくともあまの川にはさやはなるべき

「いとあさましきに、さらにものも聞こえず。自らただ今参りて」となむ言ひたりける。かくてすなはち来にけり。そのかみ女は⑤塗籠《ぬりごめ》に入りにけり。事のあるやう、障《さは》りを、仕ふ人々に言ひて泣くこと限りなし。「ものをだに聞こえむ。御声をだにしたまへ」と言ひけれど、さらに答《いら》へをだにせず。かかる障りをば知らで、なほただいとほしさに言ふとや思ひけむとてなむ、男はよにいみじきことにしける。

（『大和物語』）

（注）
＊ 亭子の帝――宇多天皇（八六七～九三一年）
＊ 大井――大井川のこと。桂川の上流部分。
＊ 尉《ぞう》の君――平中のこと。八九七年に右兵衛少尉となったことを踏まえるか。
＊ かいわがねて――曲げて輪にして。

問一 傍線部①「御達」の語句の現代語訳として、最も適当なものを次の**イ**～**ホ**から一つ選べ。

イ 姉妹　**ロ** 主人　**ハ** 親戚　**ニ** 親友　**ホ** 女房

問二 傍線部②「心憂きこと」とあるのはなぜか。最も適当なものを次の**イ**～**ホ**から一つ選べ。

イ 男の訪問を待って準備した料理が無駄になるから。
ロ 正妻の所に通っているという噂《うわさ》を聞いたから。
ハ 結婚の翌朝は和歌を贈り、三日続けて通うものだから。
ニ 女房達が自分を馬鹿にしているのがつらいから。
ホ 和歌を贈ったのに返歌が届けられないから。

問三　傍線部③「行ひをだにせむ」の現代語訳として最も適当なものを次の**イ**〜**ホ**から一つ選べ。

イ　せめて後世を弔おう。　**ロ**　振る舞いさえ見事ならばよい。

ハ　振る舞いだけでもきちんとしよう。　**ニ**　仏道修行だけでもさせてほしい。

ホ　仏道修行だけでもしよう。

問四　傍線部④「方塞がりければ」という理由で、一行はどのように行動したか。最も適当なものを次の**イ**〜**ホ**から一つ選べ。

イ　運勢のよい人と一緒に行動した。

ロ　その日に不都合とされる方角を避けて移動した。

ハ　不吉な事件のあった場所を避けて外出した。

ニ　不仲な人に逢わないように道順を変えた。

ホ　道に迷わないようにあらかじめ地理を調べた。

問五　傍線部⑤「塗籠」とはどのような場所か。最も適当なものを次の**イ**〜**ホ**から一つ選べ。

イ　北側に設けられた便所　**ロ**　四方が壁でできた部屋　**ハ**　西の対にある女性の個室

ニ　仏道に専念するためのお堂　**ホ**　邸《やしき》の外に設けられた蔵

（関西学院大・改）

問一	問二	問三	問四	問五

解答・解説

解答

問一　ホ
問二　ハ
問三　ホ
問四　ロ
問五　ロ

解説

問一　①　御達はp.21参照。本文は「故后の宮の御達」なので、后の宮が皇后や中宮を表す語だと古文常識から分かっていたら、その方にお仕えする女房達だと分かります。

問二　平中が武蔵守の娘と一夜を過ごし、その後連絡のないまま三日目の夜を迎えますが、相変わらず音沙汰がない。その翌朝の話です。この設問では後朝の文（⇩p.107）、男性が三日続けて通うと結婚が成立する（⇩p.108）という知識がダイレクトに要求されています。武蔵守の娘の周囲にいた人々（＝女房たち）が、契りを交わしてから四日目の朝に、平中には結婚する気がないと分かっただろうと言っている場面です。

問三　傍線部は、自分の手で髪を切り尼となった武蔵守の娘の会話の中にあります。平中に捨てられたと思った武蔵守の娘が、出家して「行ひをだにせむ」と言うのですから、この「行ひ」はp.123にある仏道修行のことと考えます。あとは助動詞の「む」に、「させてほしい」と訳す意味はないので、意志の意味と捉えて正答を導きます。

問四　方塞がり（⇩p.131）だったので、皆が「違《たが》ふ方」へ行ったということがわかるのは、古文常識の力です。なお、問題文の最後の方に出てくる「事のあるやう、障り」、「かかる障り」はどちらも、この方塞がりのことを指します。

問五　塗籠はp.60の図を参照すれば、部屋だということがわかります。尼になった武蔵の守の娘は、平中に会うことを拒絶して塗籠に入ったのですから、古文常識として建物内部の配置や名称が分かっていれば、解答できたと思います。

【現代語訳】

平中が恋愛を好んでいた盛りに、市に行った。そう遠くない昔は、身分が高い人々も市に行って、恋愛をしかけることはした。それは故后の宮の女房たちが市に出かけていた日であった。平中は色好みをしかけてこの上なく熱心に言い寄った。後で（平中は）手紙を寄こしていた。女房たちは、「車にいた女房は多かったけれども、誰に宛てている手紙であろうか」と言って送った。そうであったので、男（＝平中）の所から、

　宮中（にお仕えの女房方）の幾重にも重なる袂の数は（たくさん）見たけれども、特に緋色（の方）が
　　恋しい。

と言っていたのは、武蔵の守の娘であった。その人はたいそう濃い紅の練絹の着物を着ていた。その人をと思うのであった。だからその武蔵の守の娘は、後には返事はして、親しくなってしまった。顔は美しく髪が長くなどして、よい若女房であった。たいそう熱心に男達が言い寄ったけれども、気位が高く結婚などもしないでいた。けれども（平中が）熱心に言い寄ったので逢ってしまった。その翌朝に（平中は）後朝の文も寄こさない。夜まで連絡もない。（娘は）つらいと思って夜を明かして、次の日も待つけれども（平中は）手紙も寄こさない。その夜心待ちに待ったけれども、その翌朝に、（娘が）召し使う侍女たちが、「たいそう浮気でいらっしゃると聞いた人を、挙げ句の果てにこのように逢い申し上げなさって、ご自分（＝平中）は暇もなく差し障りなさることがあっても、（娘に）お手紙をさえ差し上げなさらないのは、情けないこと」などとあれこれ言う。（娘は）心でも思っていることを人も言ったので、『なさけなく、後悔する（＝逢うのではなかった）』と思って泣いた。その夜、もしかしてと思って待つけれども、また来ない。次の日も手紙も寄こさない。全く連絡もなくて五、六日になった。この女は声を出して泣くばかりで、食事も食べず、使う侍女などは、「あまり悲しくお思いにならないでくれ。こうしてばかりで終わりなさるはずの御身でもない。人には知らせないでこのまま終わりなさって、他の方との結婚をもきっとなさるのがよい」と言った。（娘は）ものも言わないでこもっていて、仕える人にも姿を見せないで、たいそう長かった髪をばっさり切って、自分の手で尼になってしまった。仕える人が集まって泣いたけれども、今さら言いようもない。「たいそう情けない身であるので、死のうと思うけれども死ぬことができない。せめてこのように（尼の姿に）だけでもなって、仏道修行をだけでもしよう。やかましく、このように皆さんは（あれこれ）言って騒ぐな」と言った。

このようであった（＝平中が手紙を寄こさなかった）わけは、平中が、その逢った翌朝、（娘の所に手紙を持っていく）人を寄こそうと思った時に、役所の長官が、急にある所へいらっしゃるということで、（平中の所に）立ち寄っていらっしゃって、（平中が物に）寄りかかって寝ていたのを、せき立てて起こして、「今まで寝ていた（とは）」と言って、逍遥をしに遠い所へ連れていらっしゃって、酒を飲み、大騒ぎをして、（平中を）全く帰しなさらない。やっと帰るとすぐに、亭子の帝が御供として大井川に連れていらっしゃった。そこにまた二晩お仕え申し上げる時に、たいそう酔ってしまった。夜が更けて（帝が）お帰りになる時に、（平中が）この女の所へ行こうとすると、方角が塞がっていたので、おおかた皆違う方へ、院の人々（＝帝にお仕えする人々）は連れだって行った。「この女は、どれほど気がかりで変だと思っているだろう」と恋しいので、「せめて今日だけでも日が早く暮れてほしい。行って事情も自分で言おう。一方で手紙も送ろう」と酔いが醒めて思った時に、人が来て（戸を）叩く。「誰か」と尋ねると、「ぜひ、尉の君に話を申し上げたい」と言う。（平中が）そっと覗いて見ると、あの（＝娘の）家の（使いの）女である。胸が

どきどきして、「こちらに来い」と言って、（女が持ってきた）手紙を取って見ると、たいそう香りの良い紙に、切れている髪を少し曲げて輪にして包んでいる。たいそう不思議に思われて、書いてあることを見ると、

天の川は空にあるものと聞いたけれども、私の目の前の涙であったなあ。（＝尼になることは他人事として聞いていたが、自分自身の悲しい出来事であったなあ）

と書いてある。「尼になったのであるに違いない」と（思って）見ると、目の前も真っ暗になった。心を動揺させてこの使いに尋ねると、「もう髪を切って出家しなさってしまった。こうであるので、女房方も昨日今日たいそう泣いて取り乱しなさる。身分が低い（私のような者の）心にも、たいそう胸が痛く（ございます）。あれほどございました御髪を」と言って泣く時に、男の気持ちはたいそう悲しい。「どうして、このような外出（＝役所の長官や亭子の帝について行ったこと）をして、このようにつらい目を見ているのだろうか」と思うけれどもどうしようもない。泣きながら返事を書く。

二人の仲を嘆く涙が流れて激しくても天の川にはそのようにはなるはずか、いやなるはずがない。（＝

そのように早く尼になってよいことではない）

「たいそう驚きあきれるので、全くものも申し上げることができない。私がすぐに参上して」と（平中は）言っていた。こうしてすぐに来てしまった。その時よりも前に女（＝娘）は塗籠に入ってしまった。事情や差し支えがあったことを、（平中が）使う人々に言って泣くことはこの上ない。「せめて一言だけでも申し上げたい。御声をだけでも聞かせて下さい」と言ったけれども、（娘は）全く返事をさえしない。このような差しつかえを知らないで、やはりひたすら気の毒なので、（言い訳を平中が）言うと（娘は）思ったのだろうかと思って、男（＝平中）は本当に悲しいことに思った。

索引

現代仮名遣いで五十音順に配列しています。
太字は重要語です。

の

は

ひ

ふ

へ

ほ

ま

み

主要参考文献一覧（著者五十音順）

秋山虔編『王朝語辞典』東京大学出版会　2000年
秋山虔・小町谷照彦編、須貝稔作図『源氏物語図典』小学館　1997年
秋山虔編『別冊國文學　源氏物語事典』學燈社　1989年
阿部猛『教育社歴史新書日本史4　摂関政治』教育社　1977年
阿部猛『教養の日本史　平安貴族の実像』東京堂出版　1993年
池田亀鑑『平安朝の生活と文学』角川文庫　1964年
池田弥三郎『光源氏の一生』講談社現代新書　1964年
石村貞吉『有職故実上』『有職故実下』講談社学術文庫　1987年
笠原英彦『歴代天皇総覧　皇位はどう継承されたか』中公新書　2001年
河鰭実英『有職故実　日本文学の背景』塙選書　1960年
川村裕子『平安王朝の基礎知識　古典のなかの女性たち』角川選書　2005年
川村裕子『平安女子の楽しい！生活』岩波ジュニア新書　2014年
北山茂夫『日本の歴史4　平安京』中公文庫　2004年
工藤重矩『源氏物語の結婚　平安朝の婚姻制度と恋愛譚』中公新書　2012年
倉本一宏『藤原氏―権力中枢の一族』中公新書　2017年
國文學編集部編『知っ得　後宮のすべて』學燈社　2008年
五島邦治監修、風俗博物館編『源氏物語　六条院の生活』光琳社　1999年
小町谷照彦・倉田実『王朝文学文化歴史大事典』笠間書院　2011年
高群逸枝『日本歴史新書　日本婚姻史』至文堂　1963年
竹岡正夫『古典おもしろ読本』あすなろ社　1984年
土田直鎮『日本の歴史5　王朝の貴族』中公文庫　2004年
角田文衛『承香殿の女御　復原された源氏物語の世界』中公新書　1963年
角田文衛『平安の春』講談社学術文庫　1999年
中野幸一編『常用　源氏物語要覧』武蔵野書院　1995年
西沢正史編『古典文学を読むための用語辞典』東京堂出版　2002年
服藤早苗『平安朝の母と子　貴族と庶民の家族生活史』中公新書　1991年
美川圭『院政　もうひとつの天皇制』中公新書　2006年
森田悌『教育社歴史新書日本史10　受領』教育社　1978年
山中裕・鈴木一雄編『平安時代の文学と生活　平安時代の儀礼と歳事』至文堂　1994年
山中裕・鈴木一雄編『平安時代の文学と生活　平安貴族の環境』至文堂　1994年
山中裕・鈴木一雄編『平安時代の文学と生活　平安時代の信仰と生活』至文堂　1994年
山中裕『平安時代大全』KKロングセラーズ　2016年
山本淳子『源氏物語の時代　一条天皇と后たちのものがたり』朝日選書　2007年
有精堂編集部編『平安貴族の生活』有精堂　1985年
横尾豊『歴代天皇と后妃たち』柏書房　1987年
和田英松『新訂　官職要解』講談社学術文庫　1983年

日々《にちにち》古《こ》文常識《ぶんじょうしき》 入《にゅう》試《し》問題《もんだい》を解《と》くための27テーマ

著　　者　二《にの》　宮《みや》　加《ます》　美《み》
　　　　　岩《いわ》　名《な》　紀《のり》　彦《ひこ》
発 行 者　山　﨑　良　子
印刷・製本　株式会社日本制作センター

発　行　所　駿台文庫株式会社
〒101－0062　東京都千代田区神田駿河台1－7－4
小畑ビル内
TEL. 編集 03(5259)3302
販売 03(5259)3301
《② -160pp.》

ISBN978－4－7961－1519－3　Printed in Japan

駿台文庫 WEB サイト
https://www.sundaibunko.jp

■イラスト　竹内美奈子